Bernd Röcker

# Der Bauernkrieg in Kraichgau und Hardt

Heimatverein Kraichgau e.V.
Sonderveröffentlichung Nr. 22

Bernd Röcker

# Der Bauernkrieg in Kraichgau und Hardt

verlag regionalkultur

**Bernd Röcker,** geb. 1942 in Merchingen, Besuch des Burkhard-Gymnasiums Buchen und der Röntgen-Oberrealschule Würzburg, Studium der Geschichte, der Germanistik, der Politischen Wissenschaft, der Philosophie und Geographie an den Universitäten Würzburg und Heidelberg, seit 1969 am Gymnasium Eppingen tätig.
1977 bis 1997 Vorsitzender der Heimatfreunde Eppingen, seit 1986 Vorsitzender des Heimatvereins Kraichgau, seit 1979 Redaktionsleiter der Schriftenreihe „Eppingen – Rund um den Ottilienberg", seit 1983 Mitglied des Redaktionsausschusses des Heimatvereins Kraichgau, ca. 60 Veröffentlichungen zur Geschichte der Stadt Eppingen und des Kraichgaus.

**Titelabbildungen:**
Vorderseite: Trommler Acker Concz und Fähnrich Klos Wuczer im Bauernkrieg 1525 (Kupferstich von Hans Sebald Beham 1544).
Rückseite: Bauern schwören auf die Bundschuhfahne 1513 (Holzschnitt aus Pamphilus Gengenbachs Flugschrift „Der Bundschuh", Basel 1514).

Die Deutsche Bibliothek – CIP-Einheitsaufnahme

**Röcker, Bernd:**
Der Bauernkrieg in Kraichgau und Hardt / Bernd Röcker. - Ubstadt-Weiher : Verl. Regionalkultur, 2000
(Heimatverein Kraichgau: Sonderveröffentlichung; Nr. 22)
ISBN 3-89735-134-X



| | |
|---|---|
| Herstellung: | **verlag regionalkultur,** Ubstadt-Weiher |
| Lekorat und Satz: | Karin Klumpp |
| Umschlaggestaltung: | Andrea Sitzler |
| Endkorrektur: | Marc Millenet |
| | |
| Druck: | Esser Druck GmbH, Bretten |
| Bindung: | Großbuchbinderei Spinner, Ottersweier |

**verlag regionalkultur**
Stettfelder Straße 11 • 76698 Ubstadt-Weiher • Tel. (07251) 69723 • Fax 69450

# Inhaltsverzeichnis

*Impressionen aus dem bäuerlichen Leben:*
*Oben: Bauer beim Mähen (Holzschnitt nach den Monatsbildern von Hans Sebald Beham, 1527);*

*Mitte: Feldarbeiten: Pflügen, Eggen, Hacken, Verscheuchen von Vögeln (Holzschnitt aus Vergil, Georgica, Straßburg 1502);*

*Unten: Bauern beim Pflügen und Säen (Holzschnitt nach den Monatsbildern von Hans Sebald Beham, 1527).*

# Einführung

Der deutsche Bauernkrieg jährt sich im Jahre 2000 zum 475. Mal. Derartige Jubiläen bilden immer einen willkommenen Anlass, sich an die betreffenden Geschehnisse und Ereignisse zu erinnern und sich mit ihnen erneut auseinander zu setzen.

Nicht nur für die Revolution von 1848/49, sondern vielleicht noch in viel größerem Maße für den Bauernkrieg gilt der Satz des ehemaligen Bundespräsidenten Gustav Heinemann in seiner viel beachteten Rede anlässlich der Schaffermahlzeit in Bremen 1974, dass immer „die Sieger Geschichte geschrieben" hätten. Bis weit in unser Jahrhundert hinein galten die aufständischen Bauern als „meuternde Rotten", die zu Recht von der damaligen Obrigkeit in die Schranken verwiesen und bestraft worden seien. Dieses negative Urteil findet man auch vor allem in der älteren Literatur über den Bauernkrieg im Kraichgau und auch in der Hardt. Dass die Erhebung der Bauern 1525 eine tief greifende politisch-soziale Bewegung war, die für eine neue politische und gesellschaftliche Ordnung kämpfte, in der die Untertanen mehr Selbstbestimmungsrechte und mehr Rechtssicherheit besitzen sollten, dies wird erst in den letzten Jahrzehnten mehr und mehr gesehen.

Über den Bauernkrieg im Kraichgau sind zwar in den letzten Jahrzehnten ein Reihe von Aufsätzen, die sich vor allem mit dem sogenannten Kraichgauer Haufen unter der Führung des Eppinger Geistlichen Anton Eisenhut beschäftigten, geschrieben worden, es fehlt aber bislang eine umfassende Darstellung, die die gesamte Landschaft erfasst. In der überregionalen Literatur wird der Bauernkrieg im Kraichgau nur am Rande oder, wenn überhaupt, im Zusammenhang mit den Aufständen im Hochstift Speyer, in der Kurpfalz oder in der Markgrafschaft Baden dargestellt. So handelt Günther Franz in seinem Standardwerk über den Bauernkrieg die Geschehnisse im Kraichgau auf etwa einer Seite innerhalb des Kapitels „Die Pfälzer Lande" ab, in dem auch die Ereignisse in der Markgrafschaft Baden, im Hochstift Speyer und in der Ortenau berücksichtigt wird. In Peter Blickles „Die Revolution von 1525" wird der Kraichgau überhaupt nicht erwähnt, in dem von Horst Buszello, Peter Blickle und Rudolf Endres herausgegebenen Sammelband „Der deutsche Bauernkrieg" gerade in einem Satz. Und auch in dem monumentalen Werk Wilhelm Zimmermanns „Der große deutsche Bauernkrieg" erscheint der Kraichgau in keiner Kapitelüberschrift, wenngleich über einzelne Ereignisse im Kraichgau berichtet wird. Trotz dieser geringen Berücksichtigung steht fest, dass die Kraichgauer Bauern, und zwar aus fast allen Orten dieser Landschaft, sich 1525 am Bauernkrieg beteiligt haben.

Warum der Kraichgau so wenig Berücksichtigung in der überregionalen Literatur gefunden hat, dafür gibt es plausible Gründe. Der Kraichgau war seit dem Ende der Stauferherrschaft ein territorial stark zersplittertes Gebiet. Neben der Kurpfalz, der Markgrafschaft Baden, dem Hochstift Speyer und dem Herzogtum Württemberg hatten auch das Kloster Maulbronn, das Stift Odenheim, das Stift Sinsheim, das Kloster Herrenalb, die Reichsstadt Heilbronn und der Deutsche Ritterorden mehr oder weniger umfangreichen Grundbesitz im Kraichgau, und vor allem im östlichen, aber auch im südlichen und mittleren Kraichgau gab es viele reichsritterschaftliche Orte, in denen die Reichsritter über ein oder mehrere Dörfer Herrschaftsrechte ausübten. In nicht wenigen Dörfern teilten sich sogar mehrere Grundherren die Dorfherrschaft.

Da sich die Bauern in erster Linie gegen ihre eigene Grundherrschaft wendeten, konnte sich infolge dieser territorialen Zersplitterung im Kraichgau keine einheitliche, die ganze Landschaft erfassende Aufstandsbewegung bilden. Deshalb beteiligten sich die Kraichgauer Bauern an den Erhebungen in den Territorien, zu denen ihre Dörfer gehörten, und die Zentren dieser Territorien, wie z. B. die Markgrafschaft Baden, das Hochstift Speyer oder das Herzogtum Württemberg, befanden sich außerhalb des Kraichgaus. Eine Gesamt-

*Der gefesselte Bauer wiegt schwerer auf der Waage der Gerechtigkeit als der Ritter. (Holzschnitt des Petrarca-Meisters, um 1520).*

darstellung des Bauernkriegs im Kraichgau muss infolgedessen auch die Aufstände in diesen Gebieten mit einbeziehen und darf sich nicht allein auf den sogenannten „Kraichgauer Haufen" unter dem Eppinger Pfarrer Anton Eisenhut beschränken. Das vorliegende Buch versucht deshalb die Erhebungen der Bauern im ganzen Raum zwischen Rhein und Neckar und zwischen Schwarzwald und Odenwald zu beschreiben. Deshalb wurde auch der Titel „Der Bauernkrieg in Kraichgau und Hardt" gewählt.

Ein weiterer Grund dafür, weshalb der Bauernkrieg im Kraichgau in den überregionalen Darstellungen meist nur am Rande behandelt wird, liegt darin, dass relativ wenig Quellenmaterial überliefert ist. Die dörflichen Archive sind meist zerstört worden, aber auch in herrschaftlichen Archiven ist viel Aktenmaterial aus der Bauernkriegszeit verloren gegangen. Spärlich ist die Aktenlage über den Bauernkrieg im Kraichgau auch im Generallandesarchiv Karlsruhe, dem die meisten Gemeinden des Kraichgaus zugeordnet sind, während für den württembergischen Teil des Kraichgaus die Quellen reichlicher fließen. Drei zeitgenössische Berichte von Georg Schwarzerdt, dem Bruder Philipp Melanchthons, über den Bauernkrieg im Raum Bretten, von dem kurpfälzischen Kanzleischreiber Peter Harrer und dem von Mone herausgegebenen und der von einem unbekannten Kanzleischreiber des Bischofs Georg von Speyer verfassten Bericht „Bauernkrieg am Oberrhein" sind daher wichtige ergänzende Quellen zum Bauernkrieg im Kraichgau und in der Hardt, wenngleich sie in ihrer Bewertung auf der Seite der Sieger stehen. Doch als zeitgenössischer Beobachter, denen ihre Stellung in der Stadt Bretten, am kurpfälzischen Hof oder in der Verwaltung des Hochstifts Speyer zusätzlich die Einsicht in den amtlichen Schriftverkehr zur Zeit des Bauernkriegs ermöglichte, vermochten sie sowohl den Ablauf der Erhebungen als auch die anschließende Niederschlagung recht genau darstellen.

Das vorliegende Buch wendet sich in erster Linie an den interessierten Laien. Deshalb wurde auf Anmerkungen im Text verzichtet. Verwendete Literatur ist im Anhang angegeben. Damit der Leser Denken, Stimmungen, Hoffnungen und Sehnsüchte, aber auch die Befürchtungen der damaligen Menschen besser nachvollziehen kann, sind in den Text zahlreiche Abbildungen eingestreut. Dabei werden vor allem die Grafiken der zeitgenössischen Flugblätter verwendet, deren Verfasser nicht nur informierende Ziele verfolgten, sondern mit ihnen in weitaus größerem Maße propagandistisch wirken wollten.

Sogenannte Kästchentexte versuchen, einzelne Personen, die für den Bauernkrieg in irgendeiner Weise bedeutsam sind, herauszuheben und etwas ausführlicher zu würdigen, was innerhalb des laufenden Textes kaum möglich wäre. Andere Kästchentexte greifen Sachbegriffe heraus, um dem Leser zusätzliche Hintergrundinformationen zu geben. Eine dritte Gruppe von Kästchentexten hält einige Sagen und Anekdoten, die im Zusammenhang mit dem Bauernkrieg stehen, fest.

# Die Ursachen des Bauernkriegs

Leopold von Ranke nannte einmal den Bauernkrieg das „größte Naturereignis des deutschen Staates“, das an den Grundfesten des Reiches rüttelte. Doch man darf nicht übersehen, dass es bereits zuvor im späten Mittelalter und auch in den beiden ersten Jahrzehnten des 16. Jahrhunderts immer wieder zu Bauernrevolten kam, die nicht auf Deutschland beschränkt waren. Weil sich diese bäuerlichen Aufstände, die in Deutschland gerade am Oberrhein in größerer Zahl zu beobachten sind, an der Unzufriedenheit mit der jeweiligen Obrigkeit entzündeten, blieben sie regional begrenzt. Der Bauernkrieg von 1525 unterschied sich von diesen Voraufständen nicht zuletzt dadurch, dass er innerhalb weniger Wochen den größten Teil des Reiches erfasste und die Bauern noch weitreichendere Pläne zur tief greifenden Umgestaltung von Staat und Gesellschaft durchzusetzen versuchten. Er ist zugleich End- und Höhepunkt der seit dem Ende des 13. Jahrhunderts immer häufiger auftretenden bäuerlichen Erhebungen.

*Bauer in Erwartung besserer Zeiten (Holzschnitt des Petrarca-Meisters, um 1520).*

## Der Strukturwandel der spätmittelalterlichen Gesellschaft

Dass der Bauernkrieg zu einer derart umfassenden Bewegung werden konnte, ist vor allem eine Folge der allgemeinen Krise, deren Ursachen auf den tief greifenden Strukturwandel der spätmittelalterlichen Gesellschaft zurückzuführen ist, der Ende des 14. Jahrhunderts einsetzte und erst im 16. Jahrhundert abgeschlossen wurde. Die Ausweitung des auf der Geldwirtschaft basierenden Handels, die spätmittelalterliche Agrarkrise, die sich demographisch verheerend auswirkende Pest des 14. Jahrhunderts und der allmähliche Aufstieg neuer sozialer Kräfte erschütterten die mittelalterliche Gesellschaftsordnung.

Dem Kaisertum war es im späten Mittelalter nicht gelungen, eine zentrale Verwaltung mit einem wirksamen Steuersystem zu schaffen und damit das Reich in einen modernen Staat umzuwandeln.

Statt dessen verlor es durch die Veräußerung von Reichsregalien und den Rückzug des Kaisers auf eine eigene Hausmacht an integrativer Kraft und Autorität. Es war nicht mehr in der Lage, seine ursprüngliche

*Kaiser Maximilian 1493–1519 (Holzschnitt von Albrecht Dürer, 1519).*

*Fürst (Holzschnitt von Lucas Cranach d. Ä., Einblattdruck 1506).*

Schutz- und Rechtsfunktion zu erfüllen. Als im hohen Mittelalter gebildeter hierarchisch gegliederter Lehnsstaat, an dessen Spitze der Kaiser stand, verwandelte sich das Reich im späten Mittelalter allmählich in einen Ständestaat. Trotz dieses Wandels wurde die Idee und der Anspruch des Reiches und des Kaisertums nicht aufgegeben. Doch Reichsidee und Wirklichkeit klafften auseinander. Alle Reformbemühungen, auch die Versuche, eine neue Reichsverfassung zu schaffen, scheiterten.

In dem durch den Niedergang des Kaisertums entstandenen Machtvakuum konnten die Reichsfürsten allmählich selbstständige Landesherrschaften aufbauen, wobei sie am Reichsverband als übergeordnete Friedensorganisation festhielten. Durch den Aufbau einer funktionierenden Verwaltung und einem zunehmend mit bürgerlichen Juristen besetzten Beamtenapparat, durch die Entwicklung einer eigenen Gerichtsbarkeit und einer eigenen Kirchenhoheit und nicht zuletzt durch die Aneignung ehemals kaiserlicher Regalien schufen sie in ihren Territorien erstmals einen modernen Staat, der bald die eigentliche Macht- und Rechtswirklichkeit im alten Reich darstellte.

Durch das Aufkommen des Söldnerwesens, aber auch durch die immer stärker werdende Konkurrenz studierter bürgerlicher Beamter an den Höfen ihrer Landesherrn erlitt der niedere Adel einen Funktionsverlust, der wie die Agrarkrise seine wirtschaftliche Basis einschränkte oder sogar gefährdete. Gesellschaftlich stand der Adel nach wie vor in hohem Ansehen, doch sein politisches Gewicht und seine finanziellen Einkünfte standen im Widerspruch zu diesem Ansehen. Es war weniger der Mangel an Einkünften, sondern der Mangel an Geld, der ihn bedrückte. Denn die Abgaben der Bauern, die der Adlige als Grundherr erhielt, waren Naturalien. Deswegen konnte dieses adlige Erwerbssystem auch nicht ohne Schwierigkeiten auf Geldwirtschaft umgestellt werden. Aus Mangel an Geld konnte der Adel bei dem Kauf und dem Genuss von Luxusgütern, von Ausnahmen abgesehen, mit dem Stadtbürger kaum noch Schritt halten. Manch ein Ritter versuchte daher mit Fehden gegenüber Reichsstädten oder mit Überfällen auf Kaufmannszüge in der Art eines „Raubunternehmers“ sein Einkommen aufzubessern. Um der drohenden Lehnsabhängigkeit von den Landesfürsten zu

*Raubritter lauert einem Kaufmann auf (Holzschnitt des Petrarca-Meisters, 1519/20).*

## Der Wandel des Bildes von der Gesellschaft im späten Mittelalter

Die mittelalterliche Gesellschaft umfasste zwar die ganze Christenheit als Societas christiana, sie war dennoch infolge ihrer ständischen Gliederung von tiefen Gräben durchzogen. Die theoretische Begründung dieser ständischen Gesellschaft gab zu Beginn des 11. Jahrhunderts der französische Bischof Adalbero von Laon: „Dreigeteilt ist das Haus Gottes, das man als Einheit glaubt: Die einen beten, die andern kämpfen und andere arbeiten. Diese sind vereint und leiden keine Spaltung. Durch die Aufgaben des einen Teils werden auch die beiden anderen bedacht, im Wechsel der Pflichten erwächst der Trost". Während Bischof Adalbero durchaus das Elend der Handarbeit erkannte und die Notwendigkeit wechselseitiger Hilfe und die Gleichrangigkeit aller drei Aufgaben in der Gesellschaft hervorhob, entwickelte sich in der Praxis eine hierarchisch gegliederte Gesellschaft, in der sich die beiden ersten Stände, Geistlichkeit und Adel, als Herren über die Bauern als ihre Knechte setzten und auf sie herabblickten.

450 Jahre nach dem Tod Adalberos hat sich das Bild der Gesellschaft tiefgreifend verändert. Ein Memminger Flugblatt aus dem Jahre 1487 zeigt, unter dem traditionellen Reichsadler, eine revolutionäre Deutung des Reiches und seiner Stände: Die Stände werden nicht mehr vertikal, sondern im Kreis dargestellt, und zwar in der Weise, dass dem Kaiser und den Fürsten dennoch eine herausragende Stellung zugewiesen wird; ein in der Realität unbekannter „Senat oder Rittermeister", umrahmt von einem „Richter" und einem „Ratgeb", verbindet die Obrigkeit mit den „Handwerke", zu denen auch die Bauern zählen. Der ganze gesellschaftliche Bau ist auf einer Stadtmauer errichtet mit der Inschrift: „Das ist der gemeine Nutz". Dieses Flugblatt stellt mit einer seltenen Deutlichkeit das Streben nach einer direkten Verbindung zwischen dem „gemeinen Mann" und dem Kaiser dar. Es dokumentiert einen Wandel des Gesellschaftsbildes, der in Deutschland schließlich im Bauernkrieg zur bewaffneten Auseinandersetzung um eine neue politische Ordnung führte.

entgehen, versuchten die Ritterschaften ganzer Landschaften, wie z. B. auch des Kraichgaus, seit dem Ende des 15. Jahrhunderts sich zu Ritterkantonen zusammenzuschließen und Reichsunmittelbarkeit zu erlangen.

Neben den Territorialstaaten trugen vor allem die Städte zum Untergang des Feudalismus bei. Die Bürger, vor allem der Reichsstädte, besaßen ein gewisses Maß an Selbstbestimmung. Durch Stadtgericht, Marktrecht, Zollfreiheit, Münz- und Befestigungsrecht bildeten sie inmitten des Reiches und zwischen den Territorien autonome politische Einheiten. Reich geworden durch Handel und Gewerbe, konnten sie ihre politische Unabhängigkeit, zum Teil in Städtebünden vereinigt, gegenüber den Territorialfürsten und dem Adel behaupten. Auf Grund ihrer wirtschaftlichen und politischen Stellung wurden sie die Hauptträger des wirtschaftlichen und kulturellen Lebens im späten Mittelalter. Sie verdrängten das Kulturmonopol des Adels und der Kirche und wurden Zentren der religiösen Bewegungen. In ihnen fanden der Humanismus und die Kunst der Renaissance einen besonders fruchtbaren Boden.

*Oben links: Memminger Flugblatt (1487).*

*Linke Seite, rechte Spalte: Das „Dreiständebild" stellt die drei Stände in ihrer jeweiligen von Gott gewollten Funktion dar: Geistlichkeit (Gebet), Fürsten und Ritter (Schutz) und Bauern (Arbeit). (Holzschnitt von Jacob Maidenbach, Mainz 1492).*

Noch stärker als im politischen Bereich traten Krisen und Konflikte im kirchlichen Bereich ins öffentliche Bewusstsein. Die Kirche des Mittelalters war geistliche Heilsanstalt und weltliche Macht zugleich. Dieser Gegensatz innerhalb der Kirche, wie er sich nach außen am sichtbarsten im Kirchenstaat und in den geistlichen Territorien zeigte, wurde deutlicher als je zuvor gesehen. Christliche Lehre und weltliche Praxis klafften weit auseinander. Die Verquickung von geistlicher und weltlicher Macht, der Lebenswandel des höheren und niederen Klerus, der Zerfall der Klosterzucht und des mönchischen Armutsideals, der Verkauf von Gnadengütern und kirchlichen Ämtern erschütterten zwar die Glaubwürdigkeit der Kirche, doch als Heilsinstitution wurde sie nicht grundsätzlich in Frage gestellt. Der Ruf nach einer Reform der Kirche an Haupt und Gliedern erscholl immer lauter.

Andererseits entwickelten sich im späten Mittelalter neue Formen der Volksfrömmigkeit. Das kirchliche Stiftungswesen nahm um 1500 einen starken Aufschwung. Wohlhabende Familien stifteten künstlerisch reich ausgestattete Altäre. Dies war nicht nur Ausdruck eines ausgeprägten Prestigebedürfnisses, sondern auch Zeichen für ein starkes Heilsverlangen der Stifter. Die Heiligenverehrung erlebte eine Blüte, neue Prozessionen

*Links: Bürgerleben (Holzschnitt von Georg Pencz, um 1530).*

*Kleine Abbildungen: Bettler (Holzschnitt aus dem „Liber vagatorum") und Fahrende (Zahnbrecher behandelt Bauer, Kupferstich,1513) waren aus der Gesellschaft ausgeschlossen.*

Spiegel der naturlichen himlischen vnd prophetischen sehungen aller trubsalen/angst/ vñ not/die vber alle stende/geschlechte/ vnd gemayn den der Cristenheyt/sunderbar so dem Krebsen vñ Scorpion auß naturlichẽ einfluß des himels vnderworffen sein/vñ in dem sibenden Clima od circkel begriffenn/in kurtzen tagen geen werdenn/ Durch den wirdigen hern Joseph Grünpeck zu Nurmberg beschriben.

*Oben: Des Teufels Dudelsack; deutsche Karikatur auf die Laster der Mönche. Mönch, Teufel und Dudelsack, der seit jeher der dionysischen Welt des Rausches, der Begierde und der Leidenschaft zugeordnet wird, werden hier zu einer bissigen Satire gegen die alte Kirche zusammengefügt. Der Mönch und der Teufel locken die Menschen durch ihre Gaukelei und ihr Blendwerk weg von Gott.*

*Rechts: Das Schiff der Kirche geht unter (Titelholzschnitt zu Joseph Grünpeck „Spiegel der natürlichen himmlischen prophetischen sehungen ....", 1508).*

*Oben links: Bauern erhängen einen Ablasskrämer (Federzeichnung von Nikolaus Deutsch, 1525); oben rechts: Dorfwallfahrt (Luzerner Bilderchronik, 1513).*

*Oben: Bauer auf dem Weg zum Markt (Kupferstich von Hans Sebald Beham, 1520); links: Bauern liefern den Zehnten ab (Holzschnitt von Rodericus Zamorensis „Spiegel des menschlichen Lebens", Augsburg 1479).*

und Wallfahrten kamen in Mode. Ablasspredigten hatten riesigen Zulauf. Regelrechte Ablasskampagnen wurden durchgeführt, bei denen die Prediger von Stadt zu Stadt zogen und verschwenderisch ihre Gnaden anboten.

## Die Lage der Bauern im späten Mittelalter

Ungeachtet großer Unterschiede in den einzelnen Territorien und Landschaften, war die Lebensbedingungen der Bauern im ausgehenden Mittelalter wenig beneidenswert. Ihre Ernteerträge standen auf niedrigem Niveau. Der Ertrag beim Getreide überstieg selten das Vierfache der Aussaat. Nach Abzug der verschiedenartigen Abgaben an Grundherrn, Leibherrn und Kirche verblieb den meisten Bauernfamilien nur das Allernotwendigste zum eigenen Verbrauch.

Viele Bauern lebten, auch trotz der allmählichen Erholung der Landwirtschaft gegen Ende des 15. Jahrhunderts, weiterhin in recht bescheidenen Verhältnissen. Wenn Missernten, Viehseuchen, Kriegswirren oder Raubüberfälle sie heimsuchten, gerieten sie in tiefste Not. Nicht selten mussten dann die Bauern von ihrer Herrschaft Kredite auf nehmen.

Auch in anderer Hinsicht war der Bauer, obwohl er die Hauptlast der spätmittelalterlichen Wirtschaft zu tragen hatte, das verachtetste Glied in der Gesellschaft, über das sich zudem noch der Spott der höheren Stände ergoss, wie er z. B. in dem gängigen Spruch zum Ausdruck kommt: „Der Bauer ist an des Ochsen statt, nur dass er keine Hörner hat". Die Arbeit des Bauern wurde im späten Mittelalter grundsätzlich unterbewertet. Bei einem Blick auf die blühende Wirtschaft und auf die günstigen Lebensbedingungen in den Städten spürten dies auch die Bauern selbst. Sie konnten nicht übersehen, dass die rechtliche Stellung der Stadtbürger viel freier, die Arbeit der Handwerker und Kaufleute in den Städten viel ertragreicher und auch das Leben dort viel gesicherter war als auf den Dörfern.

Die Abhängigkeit der Bauern ging viel weiter als die der Stadtbewohner, und dies gilt insbesondere für die Aufstandsgebiete. Der Bauer war abhängig von seinem Grundherrn, dem Obereigentümer seines Bodens. Diesem musste er für die Nutznießung ca. 30 % des Bruttoertrags vom Getreideanbau in Form von Naturalabgaben oder Geld geben und dazu noch Frondienste leisten. Dazu hatte er noch einen Leibherrn, der meist mit dem Grundherrn identisch war, der seine Freizügigkeit und seine Heiratsfähigkeit einschränkte. Diesem war er zu grundsätzliche unbeschränkter Dienstleistung verpflichtet, und dieser hatte auch bei seinem Tod Anspruch auf das Besthaupt. Dörfliche Gerichtsbarkeit und dörfliche Selbstverwaltung standen zudem in Konkurrenz zu der grundherrlichen Gerichtsbarkeit und der grundherrlichen Herr-

schaft. Auch in wirtschaftlicher Hinsicht, im Kampf um Markt- und Gewinnchancen, saßen die Bauern gegenüber ihrem Grundherrn am kürzeren Hebel.

Immer stärkerem Druck sahen sich die Bauern auch von Seiten der Landesfürsten ausgesetzt. Diese hatten ein durchaus verständliches Interesse, aus ihren zufällig ererbten und eroberten Gebieten einen einheitlichen Staat aufzubauen, in dem an jedem Ort das gleiche Recht galt. Dies konnten sie jedoch kaum mit dem alten Recht erreichen. Denn es war nicht kodifiziert. Jedes Dorf, jede landesherrliche Stadt hatte ein eigenes Weistum. Deshalb griffen sie auf das Römische Recht zurück. Mit Hilfe studierter Beamten erließen sie auf dessen Basis ein für das ganze Land gültiges Gesetzbuch. Zusätzlich versuchten sie, mit Erlassen und Verordnungen alle Fragen des Rechts und des täglichen Lebens zu regeln. In den Augen der Bauern war das auf dem Römische Recht basierende neue Landesrecht ein Fremdrecht, ja sogar ein Unrecht. Als sie sich gegen den modernen Territorialstaat erhoben, um ihr altes Recht und Herkommen zu verteidigen, fühlten sie sich nicht als Empörer, sondern als Verteidiger des Rechts. Rechtsbrecher waren nach ihrem Verständnis die Fürsten, nicht sie.

Um 1500 waren die Bauern nicht mehr bereit, die ihnen in der mittelalterlichen Gesellschaftsordnung zugewiesene Rolle des Herrschaftsobjekts länger hinzunehmen. Ihre Forderungen nach sozialen Verbesserungen, nach größerem politischem Einfluss und nach Erweiterung ihrer persönlichen Rechte ist nicht nur Ausdruck ihres gewachsenen Selbstbewusstseins, sondern

*Oben: Der Bauer (Holzschnitt aus J. Amann „Das Ständebuch“, 1568).*

*Links: Bäuerliches Leben (Holzschnitt von Georg Pencz, um 1530).*

*Ansicht eines Dorfes (Titelholzschnitt „Landfrid durch Kayser Carol den funfften...“*

*Links: Erntearbeiten unter der Aufsicht des Fronvogts (Holzschnitt des Petrarca-Meisters, 1519/20).*

*Rechts: Säender Bauer (Holzschnitt eines elsässischen Meisters, um 1520).*

auch gestiegener kollektiver Erwartungen. Doch es waren nicht so sehr die armen, um ihre nackte Existenz ringenden, sondern die materiell gut gestellten Bauern, die sich an die Spitze der Erhebung stellten.

## Konflikte zwischen den Bauern und ihren Grundherrn in Kraichgau und Hardt

Gründe, sich über ihre Grundherren, gleichgültig ob geistliche oder weltliche, zu beklagen, hatten auch die Bauern in Kraichgau und Hardt. Schon Jahrzehnte vor dem großen Bauernkrieg gab es in verschiedenen Gemeinden Streitigkeiten, die nicht immer friedlich beigelegt werden konnten. Hier einige Beispiele:

So wurde 1475 von dem kurpfälzischen Hofgericht ein Streit zwischen dem Dorf Dielheim und den Herren von Neipperg u. a. wegen der von der Grundherrschaft eingeschränkten Allmendnutzung und wegen des erweiterten Frondienstes entschieden.

1482 führte das Dorf Bauerbach ebenfalls vor dem Heidelberger Hofgericht Klage gegen den Abt von Hirsau wegen Frondiensten und Waldnutzung. Vier Jahre später beschwerten sich die Bauerbacher erneut beim Hofgericht, weil sie der Abt dazu zwinge, auf den hirsauischen Gütern in Vaihingen und Pforzheim zu fronen.

1499 schlossen der Abt des Klosters Maulbronn und das Dorf Unteröwisheim einen Vertrag, in welchem sie ihre jahrelangen Auseinandersetzungen über den Umfang der Frondienste, über die Waldnutzung sowie auch die Vogtsordnung beilegten.

Auch in den Gemeinden des Hochstifts Speyer gärte es um 1500. Obwohl das Fürstbistum hoch verschuldet war, kaufte Bischof Ludwig von Helmstatt neue Besitzungen, um sein Gebiet zu arrondieren, und ließ in Bruchsal und Obergrombach kostspielige Bauten errichten. Gleichzeitig versuchte er, durch höhere Belastungen seiner Untertanen seine Finanzen zu verbessern. Missernten in den Jahren 1501 bis 1503 zwangen die Bauern von Oberöwisheim Kredite beim Speyerer Domkapitel aufzunehmen, um damit dringend zum Überleben benötigtes Korn zu kaufen. Sie durften dies aber nicht auf dem freien Markt tun. Vielmehr beschloss das Domstift, dass sein in Oberöwisheim durch den Zehnten und durch Eigenanbau gewonnenes Korn gegen bares Geld an die Bevölkerung verkauft werde. Nicht nur der Bundschuh von 1502, auf den unten näher eingegangen wird, sondern auch Unruhen in Oberöwisheim 1504 sind eine

Folge dieser angespannten Situation. Die Bauern weigerten sich, die Feldfrüchte von den Kapiteläckern im Frondienst abzufahren. Sogar einige Knechte des Bischofs wurden tätlich angegriffen. Der Kurfürst von der Pfalz musste mit einem Heer von über 4000 Mann die Revolte der Oberöwisheimer gewaltsam niederwerfen. Vermutlich ist bei dieser Revolte auch das Schloss in Oberöwisheim zerstört worden.

In Michelfeld beschwerten sich die Bauern bei ihrem Grundherrn Orendel von Gemmingen, weil dessen Amtmann nach neuem Römischen Recht nur noch schriftliche Eingaben annahm. Sie empfanden dies als unzumutbar, da sie nicht lesen und schreiben konnten. 1509 eskalierte die Situation, nachdem der Amtmann den Bauer Peter Jäckel bei der Fron so schwer misshandelte, dass dieser halb tot nach Hause getragen werden musste. Auf seinem Krankenlager schwor sich Jäckel Rache. Als er wieder gesund war, lauerte er dem Verwalter auf und rächte sich an ihm mit einer gehörigen Tracht Prügel. Vor dem Gemeindegericht, vor dem der Schultheiß dem Verwalter schwere Verfehlungen vorhielt, einigte man sich mit einem Vergleich, in den auch Orendel von Gemmingen einwilligte. Beide, Peter Jäckel und der Verwalter, mussten Urfehde schwören.

1521 erhoben die Gochsheimer Bauern Beschwerde bei ihrem Grundherrn, dem Grafen Wilhelm von Eberstein, über zu hohe Fronlasten. Neben dem täglichen Frondienst für den Bau des Schlosses müssten sie noch weitere Arbeiten für die Herrschaft leisten, worunter die Arbeit auf den eigenen Feldern leide.

## Der Rechtsstreit zwischen den Menzinger Bauern und ihrem Ortsherrn

Einen guten Einblick in die Auseinandersetzungen zwischen den Bauern und ihren Grundherren verschafft der Rechtsstreit, den das Dorf Menzingen seit September 1524 mit seinem Ortsherrn Philipp von Mentzingen vor dem Lehnsherrn der Ritter von Mentzingen, dem Landgrafen Philipp von Hessen, führte und der sich bis in den April 1525 hinzog, ohne entschieden zu werden. Er soll hier exemplarisch behandelt werden, weil er gut dokumentiert ist, aber auch weil die Streitpunkte typisch für die dörflichen Konflikte sind. Ausführlich werden Pflichten, Dienstleistungen und Abgaben der Dorfbewohner gegenüber ihrem Grundherrn beschrieben, so dass ein lebendiges Bild der bäuerlichen Lebensbedingungen am Vorabend des Bauernkrieges entsteht. Worum geht es in den 22 Beschwerdeartikeln der Menzinger im Einzelnen?

Die Klagen betreffen vor allem fünf Punkte: a) die Waldnutzung, b) die Weiderechte, c) die Fronlasten, d) die Leibeigenschaft und e) die Dorfordnung.

a) Als eine einschneidende Beschränkung ihrer Rechte bezeichnet die Gemeinde das Verbot des für die Schweinemast damals wichtigen Eichelnutzens, des Viehtriebs im Frühjahr und Sommer in den Wäldern und des so genannten Holznutzens durch Philipp.

*Ein Bauer schlägt auf den Herrenvogt ein (Holzschnitt des Petrarca-Meisters, 1519/20).*

*Oben links: Bauernhochzeit (Holzschnitt von Nicolas Solis, um 1550);*
*oben rechts: Bauernmahl im Freien (Kupferstich von Daniel Hopfer, um 1500).*

*Rechts: Bauer beim Abliefern des Zehnten (Holzschnitt 1497).*

*Unten: Bauer und Bäuerin auf dem Markt (Kupferstich von Hans Sebald Beham, 1520).*

Nicht einmal dürres oder grünes Holz dürften die Bauern in den Wäldern sammeln, sondern sie müssten stattdessen ihr Holz zum teuersten Preis von der Herrschaft kaufen. Sie fordern deshalb die Wälder, die nicht der Herrschaft, sondern der Gemeinde gehörten, „untertäniglich" zurück.

b) Auch die Beschneidung der Weiderechte betrachten sie als außerordentlich bedrückend, zumal ihnen ja schon der Viehtrieb im Wald verwehrt war. Sie werfen Philipp vor, dass er sein Vieh während der Herbstweide zusammen mit ihren Kühen auf die Allmendwiesen in dem einen Tal treibe, bis diese abgeweidet seien, und beanspruche anschließend die Weide in dem anderen Tal ganz für sich. Philipp lasse sogar seine Schafe auf ihren Wiesen und in ihren Weingärten weiden, so dass kaum einer der ärmeren Bauern eine Kuh halten könne, um seine kleinen Kinder zu ernähren. Als willkürlich und ungerecht empfinden sie, dass Philipp sogar ihre Kühe und Pferde wegnehmen und in sein Schloss führen lasse, wenn sie einmal auf die von ihm beanspruchten Weiden gingen, oder dass er Bauern von seinen Knechten verprügeln lasse, wenn sie zu verhindern suchten, dass Philipps Schafe auf ihren Grundstücken weideten.

c) Zahlenmäßig am umfangreichsten sind die Klagen des Dorfes über die Fronlasten, die von Philipp ständig ausgeweitet worden seien. Bis ins Einzelne werden hier die von den Bauern geforderten Tätigkeiten geschildert: Mähen der Wiesen und Heimfahren des Heus für Philipps Schäfer, Waschen der Schafe, Hauen und Heimfahren von Brenn- und Bauholz, Bestellen und Ernten der Felder (auch außerhalb des Dorfes), Bearbeiten der Gärten und Weinberge, Weinlesen, Reinigen und Auffüllen der Weinfässer, die sie danach gefüllt in den Schlosskeller tragen müssen, Bau eines Schafhauses, einer Schafscheuer und einer Mühle, Umbau eines Hauses zur Wirtschaft, Ausbesserung der Gräben um die Burg, Errichtung eines Springbrunnens im Schloss, Anlegen von Wiesen u. a. m. Sie bezweifeln, dass sie die drei Fronhöfe weiterhin in Fron bewirtschaften müssen, nachdem Philipp diese käuflich erworben habe, oder dass sie den Zehnten und die Ernten auf Philipps auswärtigem Lehnsgut heimzuführen verpflichtet sind. Besonders aufgebracht sind sie darüber, dass sie wäh-

rend der Fron nur ungenügend verköstigt werden und deshalb oft hungrig nach Hause kommen und dass sie manchmal bis zu acht Tagen hintereinander sowohl mit Gespannen wie auch mit der Hand fronen müssen, weswegen dann die Arbeit auf den eigenen Feldern und auf dem eigenen Hof liegen bleibe.

d) Auch die Bedingungen der Leibeigenschaft habe Philipp merklich erschwert. So erlaube er nicht, dass ein Bauer seine Tochter ohne seine Zustimmung mit einem Bauern der umliegenden Dörfer verheirate. Und wenn ein Leibeigener aus Menzingen wegziehen wolle, verlange er von diesem entgegen des bisherigen Brauches den zehnten Pfennig. Schließlich belaste das von Philipp beanspruchte Haupt- und Herdrecht beim Tod des Mannes die hinterbliebene Witwe und deren Kinder außerordentlich. Daneben treffe sie die neben der Fron zu leistende jährliche Bete ziemlich hart.

e) Sogar Eingriffe der Grundherrschaft in ihre Dorfordnung, die ihre Rechte weiter einengten, beklagen die Bauern. Man habe ihnen verboten, ihr Brot weiterhin wie ihre Vorfahren in der Dorfmühle zu backen, wofür der Müller, wie eine Urkunde bestätige, das Holz kostenlos aus den Wäldern erhalten habe. Stattdessen müssten sie es nun zu Hause backen und das Holz dazu selbst kaufen. Philipp habe ferner eine Wirtschaft im Dorf errichtet und ihnen verboten, Wein wie bisher selbst auszuschenken, um sicher zu stellen, dass diese Wirtschaft auch besucht werde. Dadurch nehme er dem armen Bauer die Möglichkeit, von dem Erlös des verkauften Weins seine Schulden zu bezahlen. Sie wenden sich nicht gegen die Einrichtung der Wirtschaft, sondern fordern nur, dass ihnen das Recht des Weinausschanks zurückgegeben werde. Auch das Recht, Schafe zu halten, verlangen sie wieder zurück. Philipp habe ihnen sogar den alten Brauch verboten, auf dem einmal im Jahr stattfindenden offenen Gerichtstag die Dorfordnung von den Dorfrichtern ausrufen zu lassen. Alle, die sich gegen diese Neuerungen auflehnten, lasse Philipp in ein unterirdisches Gefängnis legen.

*Linke Spalte, oben: Spätmittelalterliches Dorf mit Etter (Holzschnitt aus der Schweizer Chronik des Johannes Stumpf, der 1500 in Bruchsal geboren wurde und später in der Schweiz als reformierter Pfarrer und Historiker wirkte);*

*unten: Arbeiten auf dem Bauernhof (Holzschnitt aus Sebastian Brants Ausgabe des Vergil, Straßburg 1502).*

*Oben rechts: Feld- und Gartenarbeiten: Pfügen, Zäuneflechten, Bäumeroden (Holzschnitt aus Sebastian Brants Ausgabe des Vergil, Straßburg 1502).*

*Oben: Kirchweihfest in Mögelsdorf (Holzschnitt von Barthel Beham und Erhard Schoen, um 1530, Ausschnitt).*

*Rechts: Bauern bestellen unter der Aufsicht des Fronvogts das Feld ihres Grundherrn (Holzschnitt des Petrarca-Meisters, 1519/20).*

Dadurch seien die Dorfbewohner derart eingeschüchtert worden, dass sie die Verschlechterungen ihrer Lebensbedingungen so lange ertragen hätten.

Der Klage des Dorfes ging ein über zwei Jahrzehnte langer Streit mit Philipp von Mentzingen voraus, der von diesem immer wieder verschleppt worden ist. Was diesem vorgeworfen wird, nämlich die Dienste und Abgaben, darunter auch die besonders ungerecht und sozial deklassierend empfundenen leibherrlichen Abgaben, ständig erhöht zu haben, ist kein Einzelfall. Er tat, was damals die meisten seiner Standesgenossen auch getan haben. Die Verschlechterung ihrer wirtschaftlichen Situation zwang die Niederadligen dazu, in ihren Dörfern alle Möglichkeiten zu nutzen, ihre Wirtschaftskraft zu stärken und vor allem die Geldeinnahmen zu erhöhen.

Zu Philipps Maßnahmen gehörten auch die Einschränkung der Allmende und des Waldnutzens der Gemeinde, der Aufbau eines Schafzuchtmonopols innerhalb des Dorfes und die Steigerung des Erlöses aus dem Weinbau, die er dadurch zu erreichen versuchte, dass er seinen Bauern verbot, ihren Wein in Straußwirtschaften selbst zu vermarkten. Diese Maßnahmen trafen nicht nur die ärmeren Bauern, sondern gefährdeten auch die wirtschaftlich gesunden Betriebe.

Für Philipp von Mentzingen bestand gerade deswegen die Notwendigkeit, alle Möglichkeiten der Steigerung von Einkünften zu nutzen, weil er 1484 von seinem Vater ein recht abgewirtschaftetes Erbe übernommen hatte. Als tatkräftiger, wirtschaftlich denkender und kühl kalkulierender Ritter stützte er sich, wenn nötig, auf das neue, auf Schriftlichkeit beruhende Römische Recht und nicht mehr auf das mündlich überlieferte Weistum.

Was auf der anderen Seite an den Beschwerden auffällt, ist der wiederholte Hinweis, dass die Menzinger Bauern nur die Wiederherstellung des alten Rechts verlangten. Insgesamt fünfzehn Mal erscheint diese Forderung. Im Gegensatz zu den Forderungen der Bauern anderer Landstriche um diese Zeit, auch der Bundschuhbewegung, fehlt bei den Menzinger Bauern noch die Berufung auf das „Göttliche Recht" und der Wille zum Umsturz. Sie wollten nicht grundsätzlich an der Grundherrschaft noch an der Leibeigenschaft selbst rütteln, sondern sie setzten sich lediglich gegen die durch Philipp eingeführten, sie erheblich belastenden Neuerungen zur Wehr.

# Wachsende Sehnsucht nach Reform von Gesellschaft, Staat und Kirche

Im Gegensatz zu den noch am alten Recht hängenden Menzinger Bauern reagierten immer mehr Menschen mit scharfer Kritik und hohen Reformerwartungen auf die tief greifende Krise von Staat und Kirche im ausgehenden Mittelalter. Gegen Ende des 15. Jahrhunderts erreichte das allgemeine Reformationsbedürfnis sowohl im sozialpolitischen als auch im religiösen und geistigen Bereich einen bisher nicht gekannten Höhepunkt. Da nach mittelalterlichem Denken ein revolutionärer Umsturz ausgeschlossen war, kristallisierten sich zwei Grundmuster der Reformation heraus, nämlich die Reformation als obrigkeitlicher Akt der Wiederherstellung der alten Ordnung einerseits und die Reformation als ein allgemeiner die ganze Gesellschaft erfassenden Erneuerungswillen, der teilweise sogar utopisch-schwärmerischen Charakter annahm.

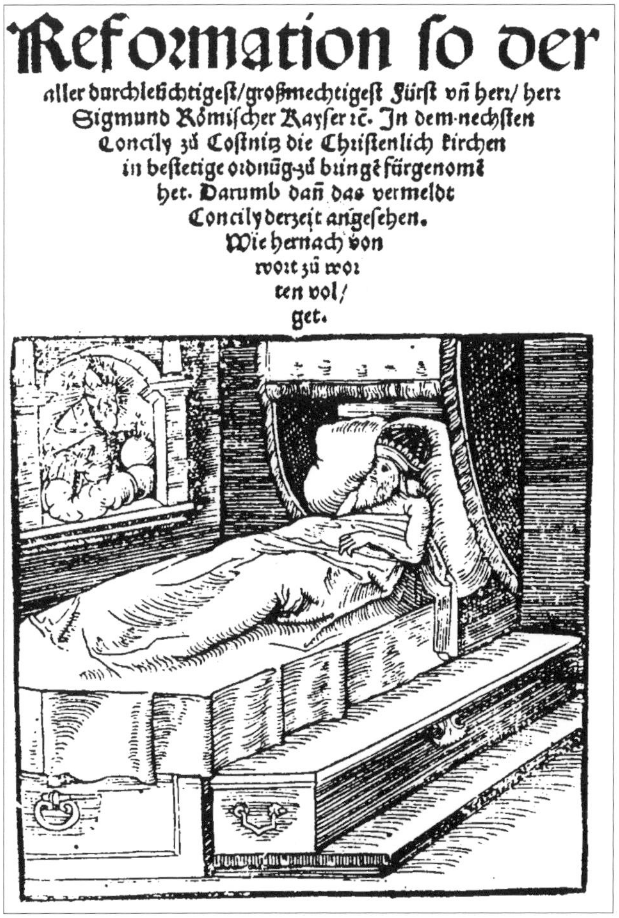


*Oben: Die Waage der Gerechtigkeit neigt sich auf die Seite der Armen und Unterdrückten (Holzschnitt, 16. Jahrhundert).*

*Links: „Reformatio Sigismundi“ (Titelholzschnitt, 1521).*

Zahlreiche Schriften entstanden auf diesem Boden allgemeiner Reformationshoffnungen. Eine davon ist die seit 1439 in zahlreichen Abschriften und seit 1476 in verschiedenen Drucken verbreitete „Reformatio Sigismundi“. Sie fordert zwar die Säkularisierung des geistlichen Besitzes, die Aufhebung der Leibeigenschaft und die Entlastung der Bürger und Bauern, jedoch nicht die Beseitigung der bestehenden Herrschaftsordnung. Ziel ist eine Reform nach einem gerechten und christlichen Ideal, das Mittel dazu nicht Gewalt, sondern Bekehrung der Christenheit und Wiedergeburt des einzelnen Menschen, und ihr Träger nicht der gemeine Mann, sondern der echte Christ. Der kommende Priesterkönig werde messiasgleich unter dem Zeichen des Reichsadlers und

*Dem Pfeifer von Niklashausen, Hans Böheim, erscheint in einer Vision die Mutter Gottes, die ihn zum Bußprediger beruft (Titelholzschnitt eines Nürnberger Druckes, Ende 15. Jahrhundert).*

des Kreuzes mit den Gerechten ein heiliges Reich des Friedens und der Gerechtigkeit aufrichten.

Die radikalste, aber auch die verworrenste Reformschrift ist der nur handschriftlich überlieferte „Oberrheinische Revolutionär“ eines ebenfalls unbekannten Verfassers. Nationalistische Ideen und astrologische Konstruktionen paaren sich in ihr mit einer heftigen Kritik an der Kirche und einer Erwartung an einen messiasgleichen König, der zur Errettung der verkehrten Welt eine Reformation zusammen mit frommen Christen durchführen und den Antichristen erschlagen werde.

Noch forderte man keine gewaltsame Revolution, doch die Reformziele selbst waren in letzter Konsequenz durchaus revolutionär. Dies zeigt sich gerade auch im Auftreten des Pfeifers von Niklashausen, eines Viehhirten namens Hans Böheim. Am Sonntag Laetare des Jahres 1476, Ende März, als die Bauern im unteren Taubergrund den Winter austreiben und den Sommer im festlichen Umzug einholen wollten, erschien das Pfeiferhänsle, das auch als Sonntagsmusikant auftrat, an der Marienwallfahrtskirche von Niklashausen. Doch statt wie üblich zum Tanz aufzuspielen, verbrannte er seine Pauke und erzählte der neugierig zusammenströmenden Menge, die Mutter Maria sei ihm nachts auf der Weide erschienen und habe ihm befohlen, sein Instrument zu verbrennen und die Menschen zur Buße aufzurufen. Sie alle sollten ihre Hoffart und Verstocktheit aufgeben, denn der Zorn Gottes auf die Menschen sei groß. Auch wolle die Maria in Niklashausen mehr verehrt werden als sonst auf der Welt. Deshalb könne man hier auch vollkommeneren Sündenablass erlangen als selbst in Rom.

In den folgenden Tagen und Wochen setzte Hans Böheim seine Predigten fort. Doch bald ging er dazu über, leidenschaftlich gegen die Pfaffen zu hetzen, Papst und Geistlichkeit zu verurteilen und „kommunistische“ Forderungen aufzustellen: Papst und Kaiser, Fürsten und Grafen, Ritter und Knechte, Bürger und Bauern seien alle gleich; alle Steuern müssten aufgehoben und das Gemeineigentum wiederhergestellt werden.

Je entschiedener er die Gleichheit der Christen schon auf Erden predigte, desto größer war der Zulauf aus Stadt und Land. Die Wallfahrer kamen nicht nur aus Franken, sondern aus weitem Umkreis: vom Odenwald und Maintal, vom Neckar, Kocher und Rhein (also auch aus dem Kraichgau und dem Bruhrain), aus Schwaben und Bayern, Hessen und Thüringen. Ihre Zahl schätzte man auf 34000. Da alle Verbote nichts nützten, ließ der Bischof von Würzburg Hans Böheim verhaften und auf die Feste Marienberg bringen. Mehrere Tausend Wallfahrer folgten, um Böheim zu befreien. Nachdem sie von den Truppen des Bischofs gewaltsam auseinandergetrieben worden waren, wurde Böheim auf dem Scheiterhaufen verbrannt und seine Asche in den Main gestreut, während der Erzbischof von Mainz, zu dessen Diözese Niklashausen gehörte, die Dorf- und Wallfahrtskirche zerstören ließ. Obwohl diese Bewegung keine Nachahmung fand, wirkte sie nach im Bewusstsein der Zeit als Ausdruck höchster Unruhe besonders in den Unterschichten.

*Links: Predigt des Pfeifers von Niklashausen (Holzschnitt aus Hartmann Schedels „Weltchronik“, Nürnberg 1493).*

*Rechts: Der Pfeifer von Niklashausen auf einer Weinkufe, sozialrevolutionäre Pläne verkündend (aus: Lorenz Fries „Chronik der Bischöfe von Würzburg“, 1713).*

# Joß Fritz und der Bundschuh 1502 von Untergrombach

Ein ganz anderer Herd sozialer Unruhe bildete am Oberrhein die Bundschuhbewegung, die dann unmittelbar in den Bauernkrieg mündete. Eine erste Verschwörung im elsässischen Schlettstadt 1493 wurde bald aufgedeckt und im Keim erstickt. Wirksamer waren die Aufstandsversuche, die der ehemalige Leibeigene Joß Fritz 1502 in Untergrombach, 1513 zu Lehen im Breisgau und 1517 am mittleren Oberrhein vorbereitete. Wenngleich alle drei Verschwörungen ebenfalls kurz vor dem Losschlagen verraten wurden, zeugen sie doch von einem nicht unbeträchtlichen revolutionären Potential unter den Bauern am Oberrhein.

Was veranlasste Joß Fritz zum Aufstand 1502 in dem im Hochstift Speyer gelegenen Untergrombach? Das Hochstift war ausgangs des 15. Jahrhunderts hoch verschuldet. Trotzdem errichtete Bischof Ludwig von Helmstatt (1478–1504) kostspielige repräsentative Bauten in Bruchsal und Obergrombach und erwarb weitere Besitzungen durch Ankauf, um sein Territorium zu erweitern. Unnachsichtig ließ er durch seine Beamten die Abgaben und Steuern einziehen. Außerdem erhob er von den Bauern ein Ungeld, das er auf Drängen wohlhabender Bruchsaler Kaufleute seit 1500 für die bisherige Grundsteuer einführte. Dieses Ungeld war eine Verbrauchssteuer auf Fleisch, Getreide, Wein, Salz und sogar Holz, von der jedoch die Priesterschaft befreit war.

Besonders empörte die Bauern die 1493 erlassene Waldordnung für den Lußhart, das große Waldgebiet zwischen Bruchsal und Speyer. Um den Wald zu schonen, zwang diese die Bauern, ihren Viehbestand zu verringern, und beschränkte den Anspruch auf Bau- und Brennholz. Dazu beanspruchte er die Fischereirechte und die Allmende.

Dass all diese Maßnahmen von einem Geistlichen ausgingen, der durch seinen Stand eigentlich zu besonderer Milde verpflichtet gewesen wäre, steigerte den Unmut ebenso wie die Tatsache, dass die kirchlichen Zustände im Bistum und die Lebensführung des Klerus, der zudem noch von fast allen Abgaben befreit war, zu mancherlei Klagen Anlass gaben. Mehrere Missernten riefen eine Teuerung und Hungersnot hervor und zwangen zahlreiche Gemeinden, um Stundung und Erlass von Getreideabgaben zu bitten oder sogar Kredite beim Domkapitel zum Ankauf von Getreide aufzunehmen. Seuchen und Pest verschlimmerten die Not. Die Stimmung in der Bevölkerung war so gereizt, dass die vier Domherren, die 1501 die Situation in den einzelnen Ämtern untersuchen sollten, sich vor ihrer Abreise vom Fürstbischof die Zusicherung geben ließen, sie im Falle einer Bedrohung zu schützen.

*Großes Bild: Unglück und Leid (Federzeichnung des Hausbuchmeisters, um 1480, Ausschnitt).*

*Kleine Abbildungen von oben: Bauer liefert Abt den Zehnten ab (Holzschnitt von Hans Schäufele, Augsburg 1517); Bauer bringt seine Abgaben zum Kloster (Holzschnitt aus Thomas Murners „Von dem großen Lutherischen Narren", Straßburg 1522).*

*Oben: Bauer mit Bundschuhfahne (Titelbild der Flugschrift „Der Bundschuh..." von Pamphilus von Gengenbach, Basel 1514); unten: Bundschuh am Spieß eines Ritters (Holzschnitt, 1490).*

### Der Bundschuh – Symbol des bäuerlichen Protests am Oberrhein

So wie in der Französischen Revolution die Sansculotten als Gegner der durch ihre Kniehosen ausgezeichneten Höflinge der revolutionären Bewegung ihren Namen gaben, wurde der Bundschuh, ein rindslederner roter Schnürschuh, den die Bauern mit langem Riemen provokativ und in bewusstem Gegensatz zu dem Reiterstiefel mit Sporn der Ritter trugen, das Symbol der bäuerlichen Protestbewegung im 15. und 16. Jahrhundert am Oberrhein.
Der Bundschuh hatte ursprünglich nicht die gefährliche Bedeutung, die er um die Wende des 15. Jahrhunderts für die Obrigkeiten bekam. Doch schon sehr früh wurde er zum Symbol des Bauerntums und auch der Volkstümlichkeit. Bei der Huldigung in Kärnten Ende des 13. Jahrhunderts musste der Herzog außer einer Hose aus grauem Tuch zwei rote Bundschuhe anziehen. Eine Sage, die Mitte des 15. Jahrhunderts am Oberrhein aufgezeichnet wurde, berichtet, dass auch Jerusalem während der Kreuzzüge unter dem Zeichen des Bundschuhs erobert worden sei. Zur selben Zeit sammelten sich die Bauern in Straßburg und im Westrich mehrere Male, auch gegen den Befehl ihrer Obrigkeiten, unter einer Fahne, auf der ein Bundschuh und die Mutter Gottes aufgestickt waren, um gegen die Armaniaken zu Felde zu ziehen. Sogar der Straßburger Rat bediente sich des Bundschuhsymbols.

Unter dem Einfluss der Schweizer Eidgenossenschaft und der Idee eines Volkskaisertums wurde der Bundschuh 1443 am Oberrhein erstmalig auch als Zeichen einer sozialen Erhebung verwandt. Als der Basler Bischof eine neue Landschatzung erhob, weigerte sich das Dorf Schliengen, diese zu entrichten. Ein Bauer warf den Bundschuh auf zum Zeichen, dass jeder, der sich in dieser Sache ebenso dem Bischof verweigere, zum Bundschuh stehen solle. Unter dem Bundschuh erhoben sich 1460 die Hegauer Bauern gegen ihre habsburgisch gesinnten adligen Herren, wobei sie ein Programm formulierten, in dem sie nicht nur auf altes Recht pochten, sondern Forderungen erhoben, die sich gegen den Adel und die Kirche richteten. Noch weiter gingen die Forderungen des Schlettstadter Bundschuhs von 1493, dessen Erhebung blutig niedergeworfen wurde. Doch der Bundschuhgedanke erlosch damit nicht, denn die Missstände bestanden fort. 1502, 1513 und 1517 kam es zu weiteren Bundschuhaufständen am Oberrhein, die von dem Untergrombacher Joß Fritz organisiert worden waren.

Für die Saat des Bundschuhs war durch die soziale Unzufriedenheit, die politische Enttäuschung, aber auch durch die religiöse Erregung der Boden im Hochstift gut bereitet. Joß Fritz aus Untergrombach, ein Leibeigener des Bischofs, war einer der begabtesten Bauernführer. Er besaß ein ausgeprägtes Organisationstalent, war ein umsichtiger Führer, der die enttäuschten Bauern und Bürger für seine Ideen zu begeistern vermochte. Was ihn zum Revolutionär gemacht hat, wissen wir nicht. Seine Jugendzeit liegt völlig im Dunkeln. Wohl als Landsknecht wird er sich das Lesen und Schreiben beigebracht und Erfahrungen gesammelt haben und mit den Sorgen und Nöten gerade der unteren Schichten in Berührung gekommen sein.

In seiner Zeit als Landsknecht muss er auch die „Reformatio Sigismundi" kennen gelernt haben, wie und durch wen ist unbekannt. Fast wörtlich übernahm er aus ihr die Bestimmung, dass jeder, der dem Bund beitrat, bei seiner Aufnahme fünf Vaterunser und fünf Ave Maria zum Gedächtnis an die fünf Wunden des gekreuzigten Christus beten sollte. Auch die Fahne, die er elf Jahre später für den Bundschuh zu Lehen herstellen ließ, stimmte bis in die Einzelheiten mit der Fahne überein, die in der „Reformatio Sigismundi" der Welterneuerer und Priester Friedrich tragen sollte. Nur der Bundschuh wurde noch ergänzend hinzugefügt. Ebenso ist das Schlagwort von der Göttlichen Gerechtigkeit, das dem Bundschuh von 1502 die Legitimation geben sollte, von dem Flugblatt übernommen worden. Dadurch steht der Bundschuh von Untergrombach auf einer völlig anderen Ebene als der zu Schlettstadt 1493. Statt Reform war jetzt Revolution das Ziel.

Die wichtigsten Programmpunkte dieses Bundschuhs sind uns von dem Abt Thritemius auf der Basis von

Zeugenaussagen von Gefangenen überliefert. Nach Schweizer Art wollten sie „jegliche Freiheit mit Waffen“ erkämpfen, die Güter der Klöster, Dom- und Stiftsgüter einziehen und unter das Volk verteilen. Zins und Zehnten sollten künftig sowohl der Geistlichkeit als auch dem Adel verweigert werden und sie selbst frei von aller Abgabenlast sein. Jagd, Fischerei, Weide und Wald sollten wieder in Gemeineigentum überführt werden. Jegliche Herrschaft und Obrigkeit lehnten sie ab. Wer sich ihnen widersetze, sollte ohne Erbarmen als „ein ungehorsamer und aufrührerischer Feind der göttlichen Gerechtigkeit“ getötet werden. Sie waren davon überzeugt, „dass alle, sowohl die Bauern als auch die Bürger der Städte, sich aus Liebe zur Freiheit ihrer Gemeinschaft freiwillig und ohne Zwang anschließen würden“. Der Bundschuh des Joß Fritz beabsichtigte also nicht nur das alte Recht wiederherzustellen, sondern einen völligen Umsturz und Neubau der Gesellschaft nach dem Ideal der göttlichen Gerechtigkeit herbeizuführen.

Als Joß Fritz im Herbst 1501 seinen Dienst quitierte, fand er seine Heimat in einem Zustand größter Not. Während des infolge der Teuerung besonders harten Winters der Jahre 1501/1502 begann er mit seinen Werbungen. In Untergrombach sollen sich ihm bis auf acht alle Männer angeschlossen haben. Großen Zulauf hatte er in dem ebenfalls zum Hochstift Speyer gehörenden Jöhlingen, und in Bruchsal schwor die Hälfte der Einwohner auf den Bundschuh. Obwohl die Bruchsaler Stadtbürger waren, unterschieden sie sich in ihrer rechtlichen Stellung nicht wesentlich von den Bauern auf dem Land. Sie waren Leibeigene und unmittelbare Untertanen des Bischofs. Das neu eingeführte Ungeld hat die meisten von ihnen noch stärker belastet.

Untergrombach, Jöhlingen und Bruchsal bildeten den Kern der Bewegung. Von hier aus suchte man weitere Anhänger in der Rheinebene und in den Tälern des nördlichen Schwarzwaldes. 20000 Menschen sollen sich bis zum Frühjahr 1502 dem Bundschuh angeschlossen haben, darunter rund 400 Frauen und rund 500 Landsknechte. Das Kerngebiet der Bewegung war das Hochstift Speyer, doch auch markgräflich-badische und pfälzische Untertanen traten bei.

*Links: Bauern schwören auf die Bundschuhfahne von 1513 (Holzschnitt aus Pamphilus von Gengenbachs „Der Bundschuh“, Basel 1514).*

*Rechts: Bäuerliches Leben als Idealzustand (Holzschnitt des Petrarca-Meisters, 1519/20).*

*Links: Bauern mit der Bundschuhfahne (Holzschnitt aus Sebastian Brants Ausgabe des Vergil, Straßburg 1502, Ausschnitt).*
*Rechts: Gefangene Bauern, eingespannt in einen Stock, werden verhört (anonymer Holzschnitt, 1512).*



Am Sonntag Quasimodogeniti, dem 3. April, gab Joß Fritz den engsten Mitverschworenen den Plan und den Zeitpunkt des Aufstands bekannt. In der Nacht zum Freitag, dem 22. April, wollte er losschlagen. Zuerst sollte die fürstbischöfliche Burg Obergrombach überfallen werden. Zwei Landsknechte der ohnehin schwachen Burgbesatzung waren mit ihm befreundet und hatten sich heimlich dem Bundschuh angeschlossen. Sie sollten das Burgtor öffnen und den Vortrupp hineinlassen. Nach der Einnahme der Burg Obergrombach plante man, mit dem Gros des Haufens nach Bruchsal vorzurücken, wo man hoffte, dass Bruchsaler Anhänger des Bundschuhs die Stadttore öffneten. In Bruchsal wollte Joß Fritz die Ausrüstung seiner Truppe mit Trossfahrzeugen und Kanonen ergänzen, denn sein Heer besaß noch keine Geschütze, und von Obergrombach konnte er keine abziehen, um die Verteidigungskraft der Burg zu erhalten. Von Bruchsal aus wollte man Udenheim, die Residenzstadt des Bischofs, erobern, dann das ganze Hochstift in seine Gewalt bringen und anschließend die Markgrafschaft

Baden besetzen und zum Schluss mit Hilfe des Schlettstadter Bundschuhs das benachbarte Bistum Straßburg überwältigen.

Alles war gut und bis ins Einzelne geplant. Und alles war bereit, loszuschlagen. Nur die Fahne, die in Basel bestellt worden war, war noch nicht fertig. Da wurde der Plan von dem Fußknecht Laux (Lukas) Rapp, einem Mitverschworenen, dem Bischof verraten. Der Bischof wollte Rapp zunächst keinen Glauben schenken. Erst als dieser wenige Tage später zum zweiten Mal wiederkam, wurde er von Bischof Ludwig von Helmstadt ernst genommen.

Sofort schickte der Bischof eine Reiterschar nach Obergrombach, um die Burg zu besetzen, bevor sich die Bundschuher gesammelt hatten, und die beiden mitverschworenen Kriegsknechte gefangen zu nehmen, ebenso alle, die noch mit den Aufständischen im Bunde waren. Von den Gefangenen hoffte man auf der Folter zu erfahren, wer noch zu der Bewegung gehörte. Hauptziel war aber, Joß Fritz zu fangen und nach Udenheim zu bringen. Den Reisigen gelang es, die Burg Grombach ohne Schwierigkeiten zu besetzen. Einer der beiden mitschworenen Kriegsknechte vermochte aber noch vor dem Verhör zu entkommen und Joß Fritz von dem Verrat in Kenntnis zu setzen. Dieser und andere, die noch gewarnt werden konnten, entzogen sich durch ihre Flucht der Gefangennahme.

Nicht alle der Gefangenen hielten dem Verhör stand und weigerten sich, Namen von Mitverschworenen zu nennen. Am Ende lagen über hundert Bundschuhler in den Kerkern Bischof Ludwigs und weitere, deren Zahl nicht bekannt ist, in den Verliesen der benachbarten Herrschaften. Mindestens zehn Verschwörer wurden geköpft, einige gevierteilt und ihre Überreste zur Warnung an den Bäumen entlang der Landstraßen aufgehängt. Viele wurden auch des Landes verwiesen. Den Gefangenen, die wieder entlassen wurden, ließ der Bischof durch den Scharfrichter Zeigefinger und Mittelfinger abhacken, mit denen sie dem Bundschuh die Treue geschworen hatten. Auf diese Weise konnte man die Bundschuhler leichter erkennen.

So war auch dieser Bundschuh gescheitert. Einsichtige Beamte des Bischofs erkannten, dass die Obrigkeit eine Mitschuld trage, wenn sich so viele Untertanen dem Umsturzversuch angeschlossen hatten. Doch Konsequenzen aus dieser Einsicht zog man kaum. Als einzige Maßnahme wurde lediglich das Ungeld für Bruchsal wieder aufgehoben.

### Laux Rapp – ein übler Verräter oder verantwortungsbewusster Untertane?

Sehr umstritten in der Literatur ist Laux (oder Lux) Rapp, der den Aufstandsversuch von Joß Fritz 1502 verraten und damit zum Scheitern gebracht hat. Er war wohl gebürtig in Graben, am nördlichen Rand der Markgrafschaft Baden-Durlach an der Grenze zum Hochstift Speyer gelegen, und hatte als Landsknecht in der Markgrafschaft gedient Durch einen Vertrag zwischen Markgraf Christoph I. und Bischof Ludwig von Helmstatt wurde 1486 nach längerem Grenzstreit die Grabener Gemarkung geteilt, wobei der nördliche Teil dem Hochstift Speyer zugeschlagen wurde. Auf diesem nun bischöflichen Gebiet bildete sich ein „neues Dorf", Neudorf, das wenige Jahre nach dem Teilungsvertrag erstmals urkundlich genannt wird. Neudorfer Bauern werden auch 1502 als Anhänger von Joß Fritz erwähnt, und zu diesen gehörte auch Laux Rapp.

Remling schreibt in seiner „Geschichte der Bischöfe zu Speyer", das Gewissen Rapps, der in den Aufstandsplan eingeweiht war, habe sich geregt. „Von Seelenangst gefoltert" habe er dem Bischof den Plan entdeckt. Rosenkrantz deutet die Formulierung „bichtlicher wise" in einer Quelle in seinem Buch „Der Bundschuh" dahingehend, Rapp habe sein Mitteilung unter dem Schutz des Beichtgeheimnisses gemacht, das von dem Geistlichen gebrochen worden sei. Sievers spricht in seinem Buch „Revolution in Deutschland" ebenso von Verrat wie Andreas in seinem Aufsatz „Der Bundschuh bei Bruchsal". Der Bruchsaler Lokalhistoriker Ludwig Böer weist überzeugend nach, dass Rapp sein Wissen über den geplanten Aufstand nicht in einer Beichte mitgeteilt habe. Er hält Rapp für einen Gegenspieler von Joß Fritz; nicht Verrat, sondern Verantwortung habe Rapp zur Anzeige getrieben. Dies sei aber nichts Sträfliches, sondern ein Verhalten, das heute von jedem verantwortlichen Staatsbürger verlangt und erwartet werde, nämlich ein beabsichtigtes oder bereits geschehenes Verbrechen zur Anzeige zu bringen. Ob Rapp tatsächlich diese „hehren" Motive gehabt hat, lässt sich heute kaum mit letzter Sicherheit nachweisen. Tatsache ist jedenfalls, und darauf hat u. a. auch schon Rosenkrantz hingewiesen, dass bereits 1503, also nur ein Jahr nach der Niederschlagung des Grombacher Bundschuhs, Rapp in die Dienste des Bischofs trat und dafür eine Stuhlpfründe in Speyer und jährlich ein Hofkleid erhielt.

*Oben: Landsknecht mit Bundschuhfahne.*

*Unten: Ludwig von Helmstadt, Fürstbischoff von Speyer 1478–1504 (Gemälde des 18. Jahrhunderts, Ausschnitt).*

# Der Einfluss der Reformation auf die bäuerliche Protestbewegung

*Spruch über den Armen Konrad (Holzschnitt, Anfang 16. Jahrhundert).*

*Unten: „Die göttliche Mühle" (Titelholzschnitt der Flugschrift „Karsthans", Zürich 1521; sie stellt den Geistlichen als Vorbild die reformatorisch gesinnten Bauern entgegen).*

Auch nach dem Scheitern des Bundschuhs von Untergrombach kam es im Süden des Deutschen Reiches zu zahlreichen Bauernaufständen. Besonders in den Jahren 1513 bis 1517 erfasste eine Unruhewelle von einem bisher unbekannten Ausmaß den ganzen süddeutschen Raum vom Elsaß bis nach Kärnten und von Franken bis in die Schweiz. Waren die bisherigen Aufstände meist auf das Gebiet einzelner kleinerer Herrschaften beschränkt, schlossen sich nun erstmals die Bauern ganzer Landschaften zu gemeinsamen Aktionen zusammen. Im Herzogtum Württemberg erhoben sich 1514 die Bauern, unterstützt von ihren Nachbarn, im Zeichen des Armen Konrad. Darunter waren auch Sympathisanten aus dem südlichen Kraichgau. Joß Fritz versuchte es noch zwei Mal, 1513 im Breisgau und 1517 im Oberrheingebiet von Basel bis Bretten, der Bundschuhbewegung zum Erfolg zu verhelfen.

Zwar finden sich schon in diesen Aufständen, die wie der Bundschuh von 1502 ebenfalls niedergeschlagen worden sind, alle die Forderungen, die wenige Jahre später im Bauernkrieg 1525 eine Rolle spielen sollten, doch sie waren noch zu keinem einheitlichen Programm verschmolzen. Zwei Gruppen lassen sich unterscheiden. Die einen beriefen sich auf das alte Recht und Herkommen, wenn sie sich gegen ihren Landesfürsten oder gegen ihre Obrigkeit wendeten. Wie die Menzinger Bauern glaubten sie, durch ein starres Festhalten an überlieferten Gebräuchen und Rechten ihre Selbstverwaltung retten und die neuen, gesteigerten Ansprüche ihrer Grundherren abwehren zu können. Am weitesten gingen in dieser Gruppe die Kärntner Bauern. Sie forderten zum ersten Mal nicht nur für sich das Steuerrecht, sondern auch die dörfliche Selbstverwaltung und Gerichte, die nur mit Bauern besetzt sein sollten. Außerdem bestanden sie, als die Ersten und Einzigsten vor 1525 überhaupt, auf das Recht der Gemeinden, ihre Pfarrer selbst wählen zu dürfen. Ferner strebten sie nach dem Vorbild der Schweiz einen Bauernstaat an, in dem die Bauern, die frei und gegenüber allen anderen Ständen gleichberechtigt sein sollten, nur noch einen Herrn, nämlich den Kaiser, über sich hatten.

Die Aufständischen, die sich unter dem Bundschuh verschworen, hatten meist die gleichen Beschwerden, beriefen sich dabei aber auf das göttliche Recht. Doch ging es ihnen nicht mehr nur darum, die seit Menschengedenken eingeführten Neuerungen zu beseitigen, sonst aber die politischen und sozialen Verhältnisse beizubehalten. Vielmehr wollten sie einen Idealstaat errichten, der von der göttlichen Gerechtigkeit geprägt sein sollte. Deshalb fragten sie sich, worin die ständische Ungleichheit begründet sei. Wenn, wie die Bibel lehrte, alle Menschen von Adam und Eva abstammten, waren dann nicht alle Menschen gleich? Immer häufiger war auf deutschen Flugblättern die Losung des englischen Bauernkriegs von 1381 zu lesen und auch unter den Bauern am Oberrhein zu hören:

„Als Adam grub und Eva spann,
wo war denn da der Edelmann?"

Die deutschen Bauern spitzten diese aufreizende Frage weiter zu, indem sie sie ergänzten:

„Wie stünd es itzund in der Welt,
hätt Adam nicht gebaut das Feld;
mit Hacken nährt sich anfangs der,
von dem die Fürsten kommen her".

Folgerichtig forderte der Bundschuh die Aufhebung der Leibeigenschaft, die Freigabe von Jagd, Fischfang und Weide, weil Gott diese für alle geschaffen habe. Ähnlich wie die Kärntner Bauern verlangten sie eine Beschränkung der Abgaben. Auch wollten sie nur noch den Kaiser als einzigen Herrn über sich anerkennen. Die weltliche Herrschaft der Kirche und der Klöster sollte ebenfalls beseitigt werden. Dem Dorfgeistlichen wollte man nur noch eine Pfründe zugestehen und den Überschuss für das allgemeine Wohl verwenden. Mit dieser Regelung der Pfarrbesoldung nahm der Bundschuh den zweiten der Zwölf Artikel bereits vorweg.

Trotz der Ähnlichkeit ihrer Forderungen entwickelten sich zunächst beide Bewegungen nebeneinander. Denn sie

*Der Teppich von Michelfeld (Holzschnitte auf einem Flugblatt, 1526): Eine Allegorie auf die soziale Ungerechtigkeit.*
*Die beiden Holzschnitte entstanden in der Werkstatt Albrecht Dürers, jedoch kaum durch Dürer selbst. Sie greifen Motive aus einem 1524 entdeckten Bildteppich aus dem Schloss Michelfeld auf. Der obere zeigt die „Betrügnüs“ als falscher Richter über Gerechtigkeit, Wahrheit und Vernunft. Diese sind in einen Stock eingespannt, verurteilt und mundtot gemacht. Der untere Holzschnitt zeigt links das Glücksrad, das den Lauf der Geschichte symbolisiert und vom Fuchs und der Zeit in Bewegung gesetzt wird. Noch triumphiert das Böse, noch ist das Volk in Fesseln gelegt, das Rad der Geschichte lässt sich aber nicht mehr zurückdrehen.*
*Dass Dürer selbst im Schloss in Michelfeld den Teppich gesehen hat, ist nicht auszuschließen. Ulrich von Gemmingen, Erzbischof von Mainz und Kanzler der Deutschen Reiches 1508–1514, stammt aus der Michelfelder Linie der Gemmingen. Sein Bruder Orendel stand in Diensten verschiedener Reichsfürsten wie dem Kurfürsten von der Pfalz, der Landgrafen von Hessen und der Fürsten von Hohenlohe. Er war deshalb oft auf Reisen und lernte dabei viele bedeutende Personen kennen. Ähnliches gilt auch für Orendels Sohn Weirich, der 1520 den Michelfelder Besitz übernommen hatte. Dass sie auf diesen Reisen Dürer persönlich begegnet sind, ist daher nicht auszuschließen, ebensowenig wie ein Besuch Düreres bei Weirich auf dem Schloss in Michelfeld.*

*Links: Martin Luther (1483–1546).*

*Mitte: Prophezeihungen des Bauernkriegs (Titelblatt der Flugschrift von H. Rynmann „Practica über die grossen und mannigfaltigen coniunction der Planeten...", Nürnberg 1523). Links die Bauern, rechts Kaiser und Papst, im Hintergrund vermutlich der Pfeifer von Niklashausen.*

*Rechts: Die Veränderung der Stände: Der Bauer steht am Altar; Priester und Mönch pflügen; die Kirche steht auf dem Kopf (Holzschnitt, 1508).*

waren auch landschaftlich scharf voneinander getrennt. Waren die altrechtlichen Aufstände schwerpunktmäßig in Oberschwaben, Württemberg und in den Alpenländern, so fand sich die Bundschuhbewegung zunächst nur am Oberrhein. Vor allem in den Jahren 1513–1515 ist zu beobachten, dass auch in den Gebieten außerhalb des Oberrheins, wie z. B beim Armen Konrad in Württemberg, ebenso beim Armen Konrad in Bühl, Forderungen des Bundschuhs aufgenommen wurden. Es schien bald nur noch eine Frage der Zeit, bis der Bundschuh die Bauern in ganz Deutschland erfasste. Die explosive Stimmung wurde dadurch verschärft, dass es auch in den unteren Schichten der Städte und im niederen Adel gärte.

Das Auftreten Martin Luthers und der Beginn der Reformation verlieh der bäuerlichen Protestbewegung die bislang fehlende Durchschlagskraft. Förderlich für die Verbindung von Reformation und Bauern war sicherlich das positive Bild der Reformatoren von den Bauern, die als reine Menschen und wahre Christen inmitten einer durch stadtbürgerliches und kirchliches Gewinnstreben verderbten Welt betrachtet wurden. Ausschlaggebend jedoch waren andere Elemente der reformatorischen Theologie: die bedingungslose Bindung der individuellen und gesellschaftlichen Lebensordnung an das „Göttliche Recht" und an das „Evangelium" als Quelle des wahren Christentums und einzig mögliche Richtschnur für eine Neuorientierung. Mit der Berufung auf das von der Reformation vorgegebene göttliche Recht als einer einheitlichen Legitimationsbasis für alle konkreten Forderungen hatte der bäuerliche Protest eine neue Qualität erhalten und machte diesen als nationale Bewegung möglich. Die Bauern konnten ihren Kampf auch in dem Bewusstsein führen, für die göttliche Ordnung zu fechten.

Das Gemeindeprinzip stellte eine weitere Verbindung zwischen der Reformation und den Forderungen der Bauern her. Den Bestrebungen der Bauern, die dörfliche Selbstverwaltung dem herrschaftlichen Zugriff zu entziehen, kam das Gemeinde-Christentum Luthers sehr entgegen, auch wenn dieses sich zunächst nur auf die kirchliche Gemeinde bezog. Doch die dem evangelischen Gemeindegedanken innewohnende Dynamik griff weit über den engeren kirchlichen Bereich hinaus und lieferte den Bauern auch Argumente für ihre gemeindlich-genossenschaftlichen Forderungen. Zudem lässt sich bei

Oben: Martin Luther: „Von der Freiheit eines Christenmenschen“ (Titelblatt, 1521).

Rechts: Diepold Peringer: „Eyn Sermon gepredigt von Pawren ...“ (Flugschrift mit Titelholzschnitt von Erhard Schoen, Nürnberg 1524). Die für ungebildet und stumm angesehenen Bauern wissen seit den großen reformatorischen Flugschriften mit dem göttlichen Recht zu argumentieren und ihre Forderungen zu legitimieren.

*Oben: Titelblatt der Zwölf Artikel der Memminger Bauern (Holzschnitt, Druck L, Zwickau 1525). Sie war die bedeutendste Beschwerdeschrift des Bauernkriegs. In Tausenden von Exemplaren wurde die Flugschrift innerhalb weniger Wochen im ganzen Reich verbreitet.*

*Links: Kampf und Sieg der Bauern – so genannter Ständebaum (Holzschnitt des Petrarca-Meisters, 1519/20). Der Aufbau der Ständegesellschaft wird hier gesellschaftskritisch in Baumform dargestellt: Während die zweite Etage den Bürgern und Kriegern, die dritte Etage dem Adel (Herzöge), den Bischöfen und Kardinälen und die vierte Etage dem Papst sowie dem Kaiser und den Königen vorbehalten ist, besetzt der Künstler die unterste Etage, das Wurzelwerk, und die höchste, den Wipfel, mit Bauern.*
*Die Aussage, die im Zusammenhang mit den Bauernunruhen der Zeit steht, ist klar: Am Anfang und am Ende der sozialen Hierarchie steht der Bauer.*

## Die Bedeutung der Flugblätter im Bauernkrieg

Die Erfindung des Buchdrucks um 1450 durch den Mainzer Johannes Gensfleisch (gen. Gutenberg) stellt eine Art Medienrevolution dar. Wurden bisher Bücher mühsam mit der Hand abgeschrieben, wobei die Abschreiber oft sehr sorglos mit dem originalen Text umgingen, und in wenigen Exemplaren vervielfältigt, konnten sie nun in großer Stückzahl als Massenware zu erheblich geringerem Preis hergestellt werden. Dies führte zu einer raschen Verbreitung des Wissens.

Die neue Drucktechnik ermöglichte die Entwicklung eines weiteren Massenmediums, nämlich des Flugblattes, eines Vorläufers der Zeitung. Diese nicht gebundene Druckschrift, vom Einblattdruck bis zur Broschüre reichend, meist mit einer Druckgraphik auf dem Titelblatt, erlaubte es, zu aktuellen Fragen des politischen, kirchlichen und sozialen Lebens Stellung zu nehmen. Der einfache Druck mit geringem Umfang, der billig zu erwerben war, und die journalistische Aufmachung waren auf eine populäre Wirkung ausgerichtet und verfehlten auch nicht ihr Ziel, die Menschen zu beeinflussen. Ohne die Flugblätter hätten sich weder die Reformation noch der Bauernkrieg in dieser kurzen Zeit ausbreiten können. Mit ihrer Hilfe wurden in wenigen Wochen die Forderungen der Bauern in ganz Deutschland verbreitet. Aber nicht nur die Anhänger des Bauernaufstandes, auch die Gegner bedienten sich dieses Mediums.

Die rasche Verbreitung der Flugschriften in ganz Deutschland wäre ohne die Boten nicht möglich gewesen. Sie trugen die bäuerlichen Flugschriften, deren Inhalte den Obrigkeiten gegenüber meist geheim gehalten werden mussten, oft unter Einsatz ihres Lebens von Ort zu Ort. Boten waren es auch, die die Aufrufe zur Teilnahme am Aufstand zu den Bauern in die Dörfer trugen. Und sie waren es auch, die die umfangreiche briefliche Korrespondenz der Bauernheere untereinander ermöglichten. Die Bauernkriegstruhe, die das Bundesheer in Herrenberg nach der Schlacht bei Böblingen sicherstellte, dokumentiert den intensiven Briefverkehr, den das württembergische Bauernheer mit den aufständischen Bauern bis in den Kraichgau hatte.

*Bote mit Post und Flugblättern (Anfang 16. Jahrhundert).*

den Bauern noch eine Verchristlichung des Gemeindegedankens erkennen. So wird das Dorf als christliche Bruderschaft verstanden, und für die Beziehungen zwischen Dorf und Herrschaft, die die meisten Bauern nicht beseitigen wollten, sollte allein die „brüderliche Liebe“ Richtschnur sein.

In den zahlreichen Beschwerden und Forderungen, die die Bauern in den Jahren 1524/25 erhoben, wird der Einfluss der Reformation sichtbar, am deutlichsten in den Zwölf Artikeln der Memminger Bauern, die zwischen dem 27. Februar und dem 1. März 1525 der Kürschner und Laientheologe Sebastian Lotzer unter Mithilfe des evangelisch gesinnten Stadtpfarrers Christoph Schappeler unter Verwendung verschiedener regionaler Beschwerdeschriften und „Vorartikel“ verfasste. Lotzer begründete die Forderungen mit zahlreichen Bibelzitaten, um ihnen so eine höhere, eine religiöse Legitimation zu verleihen. Nach dem ersten Druck Ende März verbreiteten sich die Memminger Artikel innerhalb weniger Wochen in ganz Deutschland. 22 zeitgenössische Drucke sind bekannt. Bereits im April 1525 beriefen sich die meisten Aufstandsgruppen auf sie. Entweder übernahmen sie sie unverändert, oder sie legten sie ihren eigenen Forderungen zugrunde und ergänzten sie.

Im Einzelnen fordern die Memminger Artikel:

1. Freie Pfarrerwahl durch die Gemeinde, Predigt des lauteren Evangeliums
2. Verwendung des Zehnten nur für kirchliche und soziale Zwecke, Verzicht auf den Kleinzehnten (von Tieren)

*Titelblatt der Memminger Bundesordnung (Holzschnitt, 1525).*

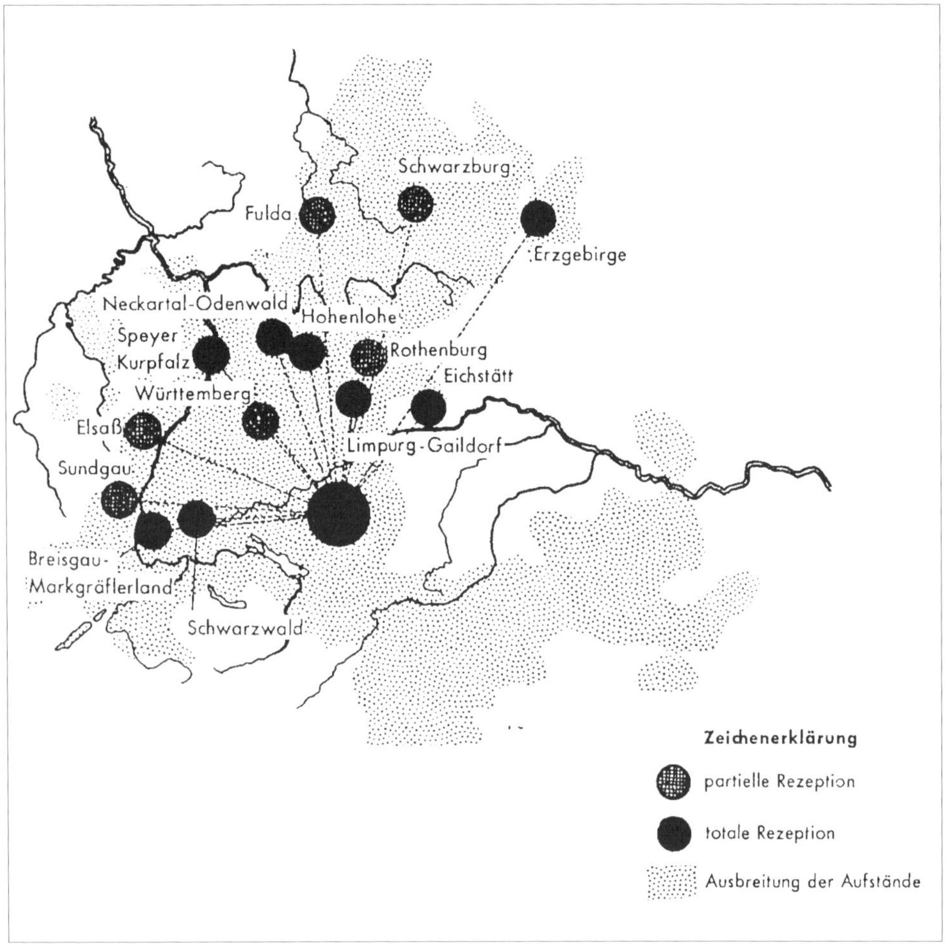

*Links: Das Verbreitungsgebiet der Zwölf Artikel (aus: Blickle, S. 95).*

*Rechts: „An die versammlung gemayner Pawerschaft" (Titelblatt der Flugschrift von 1525).*

3. Abschaffung der Leibeigenschaft (bei grundsätzlicher Anerkennung der Obrigkeit)
4. Freie Jagd und freier Fischfang
5. Holzschlag in den Wäldern als Gemeinderecht

6.–7. Verringerung der Frondienste nach Gewohnheitsrecht

8. Neueinschätzung der mit Gülten überlasteten Güter
9. Zumessung gerichtlicher Strafsätze nach alter Gewohnheit
10. Rückgabe der Allmende in den Besitz der Dorfgemeinde
11. Abschaffung des Todfalls (=Besitzwechselabgabe)
12. Überprüfung der Artikel am Wort Gottes

Die Zwölf Artikel sind kein radikales Programm. Die Reformvorschläge waren durchaus umzusetzen. Ihre große Verbreitung wurde dadurch gefördert, dass sie sich auf die wenigen großen Fragen beschränkten, die die Bauern überall bewegten, und örtliche Sonderbeschwerden ausschied.

Auffällig ist der evangelische Grundton der Artikel. Ihnen ist nicht nur eine Einleitung an den „christlichen Leser" vorangestellt; im letzten Artikel zeigen sich die Memminger Bauern, in Anlehnung an Luthers Schlusswort bei seinem Verhör auf dem Reichstag von Worms, sogar bereit, Forderungen aufzugeben, wenn jemand mit Hilfe der Bibel nachweisen könne, dass sie mit dieser nicht übereinstimmten.

# Die Erhebung der Bauern im Raum Heilbronn: der Neckartaler Haufen

Seit Ende Februar 1525 befand sich Oberschwaben im Aufstand. Innerhalb weniger Wochen breitete sich der bäuerliche Aufruhr bis nach Württemberg, Franken und auch im südlichen Schwarzwald aus. Ende März 1525 gärte es auch im Raum Heilbronn.

Schon Ende Februar traf sich Jäcklein Rohrbach, der in Böckingen, einem der vier Dörfer der Reichsstadt Heilbronn, einen Hof des Stifts Wimpfen in Erbpacht besaß, mit einigen Bauern in einem Wirtshaus in seinem Heimatdorf. Er erzählte ihnen von seinem Rechtsstreit, den er mit dem Stift führte, weil er im Jahr zuvor diesem als seinem Lehnsherrn die fälligen Abgaben mit der Begründung verweigerte, es übervorteile ihn. Man müsse den „Pfaffen alles nehmen, was sie haben, und sie erwürgen", drohte er voller Zorn. In den darauf folgenden Wochen warb er eifrig unter den Bauern in den Dörfern um Heilbronn. Am 27. März, an dem Tag, an dem er sich wegen des Streites vor dem Böckinger Dorfgericht verantworten sollte, versammelten sich dort zum ersten Mal seine Anhänger. Man beschloss, am 2. April in Flein wieder zusammenzukommen.

Eine noch größere Zahl von Bauern aus den vier Heilbronner Dörfern, den Dörfern des Deutschordens und dem Weinsberger Tal sammelten sich dort unter Trommelwirbel zur „Fleiner Kirbe". Auch Bürger von Heilbronn waren dabei. Sie wählten Jäcklein Rohrbach zum Hauptmann, zogen die Hüte und verneigten sich vor ihm, „als ob er ein Edelmann wäre". Mithauptmann wurde sein Verwandter Enderlin Remy aus Dürrenzimmern, „Ratgeberin" der beiden Margarete Renner, die Schwarze Hofmännin. Rohrbach verpflichtete den Haufen auf die Zwölf Artikel und versprach mit den Schlagworten der Zeit, die Gerechtigkeit zu handhaben und dem Evangelium beizustehen. Doch er wollte weit mehr. Gülten, Fronen und Bede sollten abgeschafft und sogar bereits gezahlte Bede zurückgezahlt werden. Über die Zwölf Artikel hinaus verband die Bauern dieses Neckartaler Haufens die Pfaffenfeindschaft.

Bei Sontheim zog Jäcklein Rohrbach mit seinem Haufen über den Neckar zurück in sein Heimatdorf Böckingen. Von hier aus schickte er Schreiben in die umliegenden Orte, die er mit der Drohung, er wolle die Bauern, die sich weigerten, durch Spieße jagen oder ihre Dörfer niederbrennen lassen, zum Anschluss zu zwingen versuchte. Von Böckingen aus marschierte Rohrbachs Haufen nach Großgartach, von wo er dem Stift Wimpfen, dem Sitz von Rohrbachs Lehnsherrn, „einen Besuch abstatten" wollte. Doch Rohrbach fand mit seinen Plänen in seiner Heimat weniger Beistand als erwartet. Ganze Dörfer hielten sich zurück. Selbst Böckinger Bauern versteckten sich in Gräben und Büschen, als sein Haufe

*Links: Aufständische Bauern halten Rat (Kupferstich von Hans Sebald Beham, 1541–45).*

*Rechts: Aufständische Bauern bei Pulverfässern (Kupferstich von Hans Sebald Beham, 1541–45).*

*Die Schwarze Hofmännin zieht vor dem Neckartaler Haufen her (Zeichnung von Hans Baltzer, 1891).*

## Die „Schwarze Hofmännin" – eine Frau kämpft im Bauernkrieg

Frauen werden in den Akten des Bauernkrieges selten erwähnt. Für die meisten Frauen brachte der Ausgang des Aufstandes durch den Tod oder die Strafen ihrer Männer und Söhne unermessliches Leid. Aktiv mitgewirkt haben nur ganz wenige.

Die „Schwarze Hofmännin" aus Böckingen, die mit bürgerlichem Namen Margarethe Renner hieß, war eine dieser wenigen. Sie war die Witwe des Deutschordens-Hofmannes Peter Albrecht. Schon 1520 fiel sie auf, als sie zusammen mit Jäcklein Rohrbach, der ebenfalls aus Böckingen stammte, der Stadt Heilbronn die Steuer verweigerte. Gleich zu Beginn des Bauernkriegs trat sie an die Seite von Rohrbach, einem der streitbarsten Bauernführer im Neckartal, als dessen „Ratgeberin" sie in den Akten bezeichnet wird. Sie war erfüllt vom Hass gegen den Adel und die Stadtbürger. Mit den Neckartäler Haufen zog sie Anfang April über die Deutschordens-Dörfer Erlenbach und Binswangen nach Öhringen und zum Kloster Schönthal und wieder zurück zum Kloster Lichtenstern. Vor den Bauern herziehend soll sie diese angefeuert haben und „gesegnet, dass ihnen weder Spieß noch Hellebarden nichts tun möchten". Auch am Ostersonntag, dem sog. Blutsonntag, als die Bauern sich an Graf Ludwig von Helfenstein und der Besatzung der Burg Weinsberg rächten, indem sie diese Spießruten laufen ließen und töteten, war sie dabei. Dem toten Graf Helfenstein habe sie, berichtet ein Zeuge, das Messer in den Bauch gestoßen und mit dem Fett ihre Schuhe geschmiert.

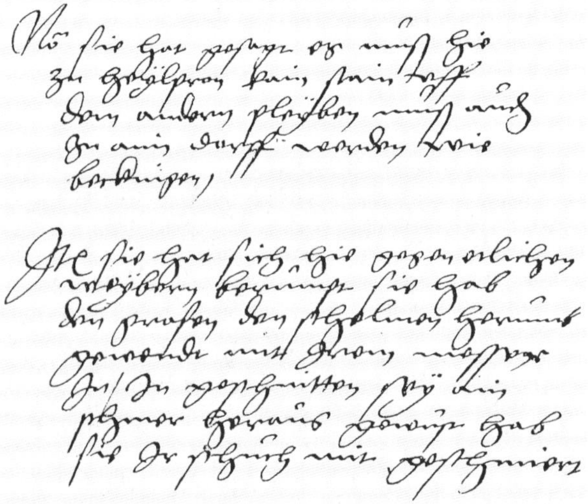

An der Spitze des Bauernhaufens zog sie nach Heilbronn, das aus Furcht vor den Bauern seine Tore öffnete. Mit ihrer losen Zunge habe sie einen Ratsherrn auf die übelste Weise beschimpft und gefordert: „Es muss hier zu Heilbronn kein Stein auf dem andern bleiben. Heilbronn muss auch zu einem Dorf wie Böckingen werden".

Nach der Niederlage der Bauern wurde die „Schwarze Hofmännin" gefangen genommen und im Gefängnis der Stadt Heilbronn festgesetzt und verurteilt. Durch die Fürsprache ihres Leibherrn Georg von Hirschhorn wurde die Strafe gegen die „Schwarze Hofmännin", die „durch ihren unverhüteten Mund in des Rats Gefängnis gekommen war", gemildert. Die Nachwelt hat das negative Urteil der Zeitgenossen über die „Schwarze Hofmännin" übernommen. Lediglich der Liberale Wilhelm Zimmermann findet in seinem monumentalen Werk „Der große Bauernkrieg" trotz all ihrer Rachsucht und Leidenschaft eine gewisse Bewunderung, wenn er schreibt: „Wie lebtest du in Sage und Geschichte, in Gesang und Rede, hätte deine Sache gesiegt oder gehörte sie wenigstens nur nicht der Bauernhütte an". Gegen diese „Verherrlichung" wendet sich noch zu Beginn unseres Jahrhunderts der bedeutende Heilbronner Historiker Moriz von Rauch, wenn er Zimmermann vorwirft, er trage Schuld daran, „dass dieses entmenschte Weib von der Dichtung mehrfach in Roman und Drama behandelt worden ist".

*Auszug aus dem Zeugenprotokoll der Verhandlungen über die Umtriebe der Schwarzen Hofmännin (HStA H 53 Bü 172/16).*

heranrückte. Doch statt nach Wimpfen i. T. weiterzuziehen, wendeten sich die Bauern nach Sontheim und leerten dort den Keller des Heilbronner Deutschherrren-Kommenturs. Der Grund für die Umkehr war eine Nachricht aus Öhringen, in der eine Vereinigung mit dem im Kloster Schöntal liegenden Odenwälder Haufen vorgeschlagen wurde.

Am 5. April setzte sich der Haufen in Bewegung. Angefeuert von der Schwarzen Hofmännin, erreichten sie am nächsten Tag Öhringen, das ihnen die Tore öffnete. Nach der Plünderung des Chorherrenstifts St. Peter und Paul zogen sie mit Hohenloher Bauern weiter nach Schöntal, wo sie sich mit den Odenwälder Bauern vereinigten. Der vereinigte Odenwälder-Neckartaler Haufen, der inzwischen auf mehrere tausend Mann angewachsen war, marschierte ins Hohenlohische zurück und zwang auf freiem Feld beim Weiler Grünbühl unterhalb von Waldenburg die Grafen Albrecht und

*Oben: Böckingen, der Wohnort Jäcklein Rohrbachs, ist eines der vier Dörfer der Reichsstadt Heilbronn (aus dem „Forstlagerbuch" von Andreas Kieser, 1683).*

*Unten: Burg Weinsberg (aus dem Skizzenbuch des Malers Hans Baldung Grien, entstanden 1515 auf dessen Durchreise). Es ist gut zu erkennen, dass 11 Jahre nach der Belagerung der Burg durch Herzog Ulrich von Württemberg (1504) die durch die Beschießung stark beschädigte Nordseite kaum instand gesetzt worden ist. Die Mauern um den Bergfried waren durch Schanzkörbe notdürftig ersetzt. Die Bauern konnten 1525 bei der Erstürmung der Burg an dieser Stelle leicht einsteigen.*

Georg von Hohenlohe zur Annahme der Zwölf Artikel bis zur künftigen Reformation. Diese mussten es sich sogar gefallen lassen, von den Aufständischen als „Bruder Albrecht und Bruder Georg" angesprochen zu werden. „Ihr seid nimmer Herren, sondern Bauern, und wir sind die Herren von Hohenlohe", riefen ihnen die immer selbstbewusster auftretenden Bauern entgegen. Auch die Grafen von Löwenstein mussten die Zwölf Artikel annehmen.

Tags darauf machte sich der Odenwälder-Neckartaler Haufen auf den Weg in Richtung Heilbronn. Unterwegs plünderte er das Nonnenkloster Lichtenstern. An Heilbronn vorbei marschierte er in das Deutschordensstädtchen Neckarsulm, das ohne Widerstand die Tore öffnete. Das nächste Ziel war das württembergische Amtsstädtchen Weinsberg. Dort lag unter dem Befehl des Grafen Ludwig von Helfenstein, dem Schwiegersohn Kaiser Maximilians, eine 80 Mann starke Besatzung von Rittern und Landsknechten, um den Aufstand abzuwehren. Graf Helfenstein hatte die Wut der Bauern dadurch erregt, dass er, als die Bauern am Karfreitag vom Kloster Lichtenstern durch das Weinsberger Tal zogen, von der Burg auf sie herunter schießen ließ und mit

*Die Gräfin Helfenstein, eine Tochter Kaiser Maximilians, und ihr Sohn bitten Jäcklein Rohrbach um Gnade. Im Hintergrund jagen die Bauern die gefangenen Adligen und den Grafen von Helfenstein durch die Spieße (Kupferstich, Frankfurt 1619).*

seinen Knechten mehrere Bauern der Nachhut erstach. Außerdem drohte er seinen Amtsuntertanen im Bauernlager, er werde ihre Dörfer verbrennen.

Obwohl Graf Ludwig wusste, dass er sich auf die Bürger Weinsbergs nicht verlassen und er daher nur die Burg gegen die Bauern verteidigen konnte, ließ er die Burg fast unbesetzt, als er mit seinen Begleitern am Ostersonntag, dem 16. April, zur Kirche ging. Einige Weinsberger Bürger gaben den Bauern zu verstehen, dass sie ihnen ihre Stadt öffnen wollten. Als dann noch ein entsprungener Gefangener Graf Helfensteins den Bauern verriet, wie schwach die Burgbesatzung war, gab es kein Halten mehr. Am frühen Sonntagmorgen zogen sie das Sulmtal hinauf und erstürmten die nur mit acht Mann besetzte Burg und nahmen die Gräfin Helfenstein gefangen. Dabei wurde auch reiche Beute gemacht. Dann eroberte der Haupthaufen das Städtchen, wobei die Bürger kaum Widerstand leisteten, ja sogar noch ein Tor öffneten. Die Bauern hatten mit diesem Handstreich ihren ersten militärischen Erfolg errungen. Sie verloren dabei nur etwa zehn Mann.

Graf Helfenstein, 13 Adlige und 11 Knechte waren in dem Kampf in die Gefangenschaft der Bauern gefallen. Während des Kriegsrats am Nachmittag unter der Leitung Wendel Hiplers und Georg Metzlers entfernte sich Jäcklein Rohrbach mit seinen Freunden. Nach kurzem Gericht verurteilten sie ohne Wissen der anderen, vor allem auf Drängen Jäcklein Rohrbachs, die Gefangenen zum Spieße-Laufen, einer unter Landsknechten beliebten, aber entehrenden Hinrichtungsart: Auf einer Wiese außerhalb der Stadt stellten sich die Bauern mit ihren Spießen in zwei Reihen auf, die Opfer mussten durch die Gasse laufen, und jeder konnte mit seinem Spieß auf sie einstechen, bis sie tot waren. Als „der schöne Graf" Ludwig von Helfenstein an der Reihe war, stürzte sich die junge Gräfin, mit ihrem Kind auf dem Arm, vor Jäcklein Rohrbach auf die Knie und flehte ihn um Gnade an für ihren Mann und die übrigen Gefangenen. Der aber schob sie zur Seite und winkte dem Pfeifer Melchior Nonnenmacher aus Ilsfeld, der vor dem Aufstand im Schloss dem Grafen Helfenstein immer zu den Mahlzeiten und danach zum Tanz aufgespielt hatte. Ihn forderte Rohrbach auf, jetzt dem Grafen zu seinem letzten Tanz aufzuspielen. Darauf trat Nonnenmacher mit einer Geste der Ergebenheit auf Graf Ludwig zu, riss ihm den Federhut vom Kopf und setzte ihn sich selbst auf, indem er rief: „Jetzt bin ich der Graf!". Dann jagte er, auf dem Zinken spielend, seinen früheren Herrn zwischen die Spieße. Den ersten Streich gab Jäcklein Rohrbach selbst. Die Bauern stachen nacheinander zu, bis der Graf tot im Gras liegen blieb. Die anderen Gefangenen fanden auf die gleiche Weise den Tod.

Dann fielen die Bauern über die im Gras liegenden Toten her, rissen ihnen die Kleider herunter und nahmen ihnen den Schmuck, ihren Wams und ihre Stiefel ab. Der Hass Jäcklein Rohrbachs und der Schwarzen Hofmännin auf Graf Helfenstein war durch seinen entehrenden Tod noch nicht gestillt. Rohrbach zerrte ihm das Lederkoller vom Leib und legte es sich selber an. Und die Schwarze Hofmännin trat den Leichnam mit den Füßen, stieß ihm ihr Messer in den Bauch, riss das Fettgewebe heraus und schmierte damit ihre Schuhe. Danach reichte sie es an Melchior Nonnenmacher weiter, der damit seinen Spieß schmierte.

Die Gräfin und ihr Kind ließen die Bauern zwar am Leben, doch raubten sie sie bis auf die Kleider aus und setzten sie auf einen Mistwagen. Einem Kutscher gaben sie den Befehl sie nach Heilbronn zu fahren. „In einer goldenen Kutsche bist du gekommen", riefen sie ihr nach, „auf einem Mistwagen verschwindest du wieder!".

Jäcklein Rohrbach und seine Freunde waren noch nicht zufrieden. Sie ließen die Toten unbeerdigt auf der Wiese liegen, zogen zur Burg hinauf und zündeten sie an.

Als die anderen Bauern bei ihrem Kriegsrat sahen, dass die Burg in Flammen stand, und hörten, was sich auf der Wiese ereignet hatte, waren sie zutiefst erschrocken. Nach ihrem ersten großen Erfolg, den sie mit der Einnahme Weinsbergs feierten, glaubten sie vor aller Welt den Beweis erbringen zu können, dass sie als politisch reife Menschen in der Lage seien, Staat und Gesellschaft nach ihren Ideen zu gestalten. Stattdessen stellten sie nun fest, dass hinter ihrem Rücken ein kleines Häuflein blutgieriger Radikaler ihren Reformplan missbraucht und ihren Gegnern überzeugende Argumente gegen sie geliefert hatten. Diese konnten nun behaupten, den Bauern gehe es doch nur um Zerstörung der Ordnung, um Mord und Raub.

Die Bluttat von Weinsberg löste bei den Zeitgenossen weithin Furcht und Entsetzen aus. Und noch heute bestimmt sie in weiten Kreisen das Bild vom Bauernkrieg. Doch zu Unrecht. Sie war ein einmaliger Ausbruch bäuerlicher Wut, die sich in dieser Form nicht mehr wiederholte. Die Bauern waren durch den Übermut Graf Helfensteins gereizt worden. Jäcklein Rohrbach und seine Gesinnungsfreunde steigerten ihre Erregung, um vermutlich durch diese Bluttat die reformfreundlichen Führer der Odenwälder wie Wendel Hipler und Georg Metzler und deren adlige Freunde zu isolieren und die Odenwälder Bauern auf ihre radikalen Ideen einzuschwören. Doch erreichte er damit gerade das Gegenteil. Rohrbach isolierte sich selbst. Sein Ansehen sank. Zwar machte er den Zug des Neckartaler-Odenwälder Haufens nach Heilbronn noch mit, dort trennte er sich zusammen mit dem harten Kern seiner Gefolgschaft und wandte sich zunächst dem Zabergäuer Haufen zu und schloss sich dann dem Württemberger Haufen an, der am 25. April Stuttgart einnahm.

Die Reichsstadt Heilbronn leistete dem heranziehenden Neckartaler-Odenwälder Haufen kaum Widerstand. Vergeblich waren die Bemühungen des Reformators Johann Lachmann, den Anschluss der Bürger an die Bauern durch seine Predigten zu verhindern. Zu viele Bürger, vor allem Weingärtner und Handwerker, standen bereits auf der Seite der Bauern. Und zahlreiche Bürger Heilbronns hatten sich dem Neckartaler Haufen bereits angeschlossen, als dieser Anfang April unter der Führung Jäcklein Rohrbachs ins Hohenlohische zog. Einer der beiden Bürgermeister saß weinend am Stadttor, um die Bürger davor zurückzuhalten, zu den noch vor dem Tor lagernden Bauern überzulaufen. Am Osterdienstag ließ man vier Bauernhauptleute zu Verhandlungen in die Stadt einreiten. Angesichts der Stimmung eines großen Teils der Bevölkerung und angesichts der Tatsache, dass Hilfe von außen nicht zu erwarten war, blieb dem Rat, obwohl die Stadt Mitglied des Schwäbischen Bundes war, nichts anderes übrig, als sich mit den Bauern zu verbrüdern und sich auf die Zwölf Artikel und eine künftige Reformation zu verpflichten. Außerdem musste die Stadt 200 Bauern als Besatzung einlassen, das Bauernheer mit Lebensmittel versorgen und ein Trupp von 200 Mann für das Bauernheer abstellen.

Vier Tage nach der Einnahme der Stadt Heilbronns am 22. April, zog das Bauernheer in Richtung Gundelsheim ab. Tags darauf besetzte es das Deutschordensschloss Horneck. Und nachdem der auf der benachbarten Burg Hornberg residierende Götz von Berlichingen am 24. April neben Jörg Metzler als oberster Hauptmann in die Bruderschaft der Bauern eintrat, setzte sich der Neckartaler-Odenwälder Haufen durch den Odenwald in Richtung Amorbach in Bewegung.

*Oben rechts: Trommler Acker Concz und Fähnrich Klos Wuczer im Bauernkrieg 1525 (Kupferstich von Hans Sebald Beham 1544).*

*Oben links: Reichsstadt Heilbronn (Kupferstich von Matthäus Merian, 1643, Ausschnitt).*

*Unten links: Götz von Berlichingen , 1480–1562 (Kupferstich);*
*unten rechts: Der Dudelsackpfeifer (Kupferstich von Albrecht Dürer, 1514).*

*Zug des Neckartaler und des Odenwälder Haufens.*

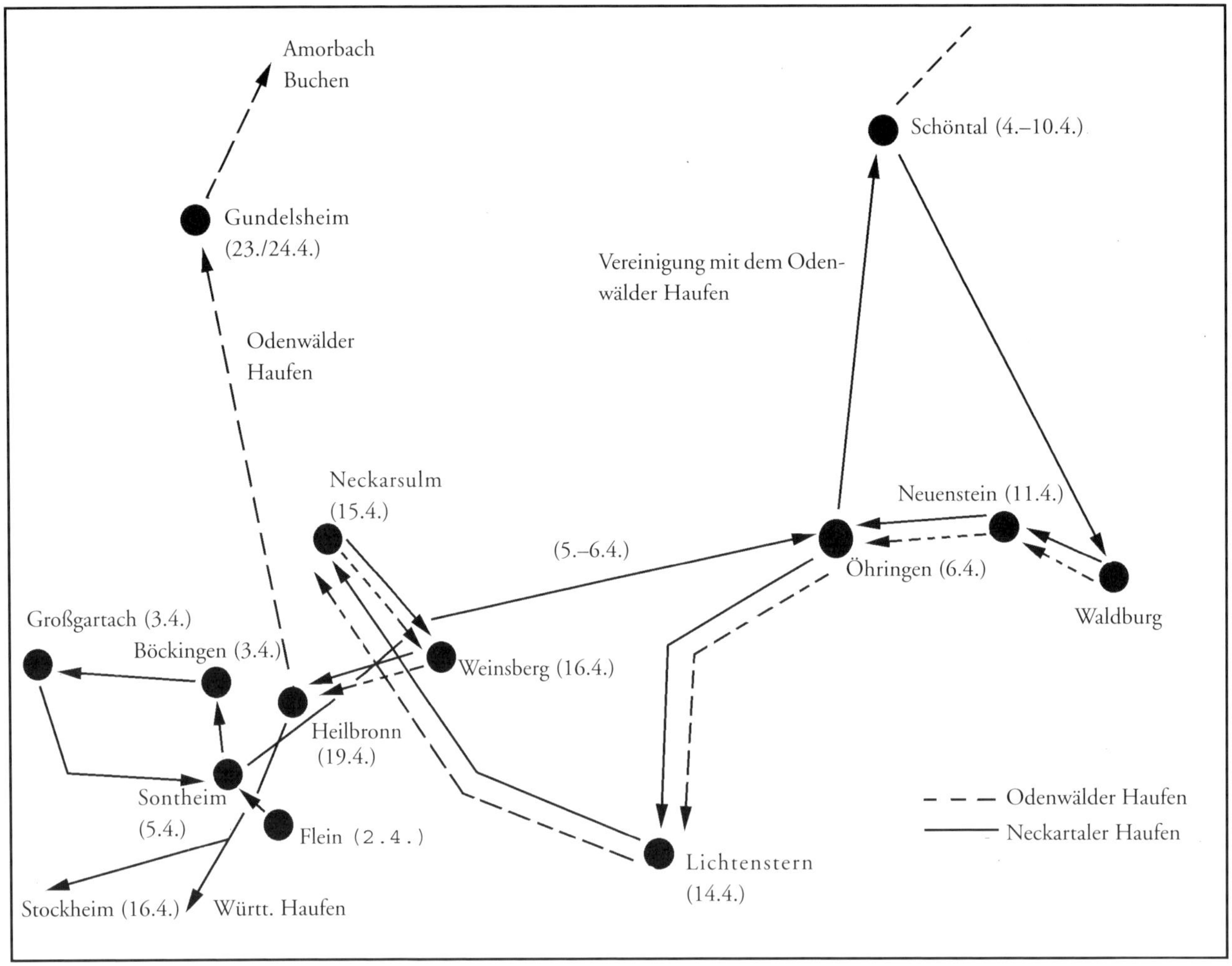


*Unten links: Aufständische Bauern auf dem Marsch (aus der „Schweizer Chronik“ von Johannes Stumpf, 1547/48).*

*Rechts: Niederreißen eines Schlosses (Holzschnitt 1523).*

# Der Zabergäuer Haufen

Bereits am 6. April versammelten sich nach einem Aufruf Jäcklein Rohrbachs von Böckingen aus Bauern aus dem südöstlichen Kraichgau und dem Zabergäu in Großgartach, einem Ort, der dem Stift Odenheim gehörte, in dem aber auch das Stift Wimpfen begütert war. Dabei wurde der Weinkeller des Odenheimer Stifts geplündert.

Unter Hans Wunderer aus Pfaffenhofen bildete sich im Zabergäu ein weiterer Bauernhaufen. In der Nacht vom 16. auf 17. April, also einen Tag nach der Weinsberger Bluttat, stürmte dieser so genannte Zabergäuer Haufen das hoch über dem Dorf Stockheim gelegene, stark befestigte Schloss des Deutschen Ritterordens. Da die Besatzung, die dem Deutschmeister Dietrich von Klee zur Verfügung stand, sehr klein war, schickte er seinen Kaplan und seinen Amtmann in das Dorf, um die Bauern aufzufordern, wie in früheren Notzeiten das reichlich mit Munition versehene Schloss gemeinsam mit der Besatzung zu verteidigen. Die Stockheimer Bauern verweigerten den ungeliebten Deutschmeistern die Waffenhilfe, sie hatten sich bereits mit dem Zabergäuer Haufen Hans Wunderers verbunden. Auch mit Zugeständnissen wie dem Nachlass des Zehnten oder weiterer Steuerbefreiungen gelang es dem Amtmann nicht, die Stockheimer Bauern umzustimmen. Sie blieben bei Hans Wunderer.

Den Bauern gelang es, in das Schloss einzudringen, sie plünderten die Vorräte in den Scheunen und Kellern, zerrissen die Zinsbücher und erbeuteten vor allem Waffen und Munition. „Sie fanden hier 6 Hakenbüchsen, 15 Handbüchsen, 2 Falkonetlein, eines auf Rädern, das andere auf einem Böcklein, einen Böller 2 bis 3 Fuß lang, der einen Stein von der Größe einer Kegelkugel trieb, und richteten einen auf 4000 Gulden geschätzten Schaden an", heißt es in einem Bericht. Nach der Plünderung verbrannten die Bauern das Schloss.

Ziel eines bäuerlichen Angriffs wurde auch der Pfleghof des Klosters Herrenalb in Oberderdingen. Im Pfleghof befanden sich nicht nur die Scheunen und Keller zur Lagerung der Naturalabgaben der abhängigen Bauern und der Ernteerträge der in Fronarbeit bewirtschafteten Klosteräcker, sondern auch das klösterliche Stabsamt, das die herrenalbischen Orte im Kraichgau verwaltete. Dazu gehörten die Orte Nußbaum, Oberacker, Bahnbrücken, Freudenstein, Hohenklingen zur Hälfte, Gölshausen teilweise, Sprantal sowie Ober- und Unterderdingen. Rund 60 Bauern aus Zaisenhausen, Sulzfeld,

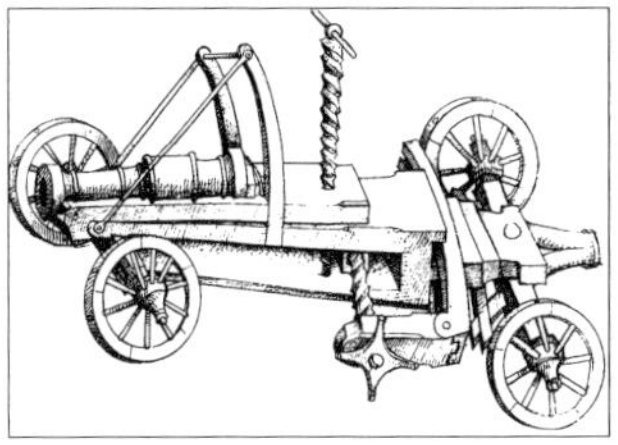

*Karrenbüchse (Federzeichnung des Hausbuchmeisters, um 1480).*

*Links: Großgartach (aus dem „Forstlagerbuch" von Andreas Kieser, 1683).*

*Rechts: Dorf und Burg Stockheim waren im Besitz des Deutschen Ritterordens (aus dem „Forstlagerbuch" von Andreas Kieser, 1683).*

### Sind der Steinmetz Hans Wunderer und der Bauernkriegsführer Hans Wunderer ein und dieselbe Person?

In der Literatur über den Bauernkrieg wird der Bauernkriegsführer Hans Wunderer aus Pfaffenhofen im Zabergäu auch noch in der jüngsten Zeit gleichgesetzt mit dem ebenfalls aus Pfaffenhofen stammenden Steinmetzen und Baumeister Hans Wunderer. So heißt es noch in der 1977 erschienenen 11. Auflage des nach wie vor als Standardwerk zu bezeichnenden Buches von Günther Franz „Der deutsche Bauernkrieg": „Neben ihn (Matern Feuerbacher) trat als Oberster der Baumeister Hans Wunderer aus Pfaffenhofen bei Brackenheim."

Ein Hans Wunderer ist mehrfach als Steinmetz wie auch als Baumeister im Zabergäu, im Kraichgau und im Enzgau überliefert. 1505 baute er an den hochgotischen Chorturm der Kirche in Zaberfeld einen spätgotischen Chor. 1513 erneuerte er die Kirche in Iptingen. 1515 errichtete er die spätgotische Sakristei als Anbau an die Kirche in Pfaffenhofen. 1526 baute er das Schiff der Kirche von Mühlhausen/Enz. Auch das zwischen 1500 und 1520 entstandene spätgotische Wegkreuz in Mühlbach stammt von ihm.

Dass in einem kleinen Dorf zwei Personen, die etwa zur gleichen Zeit gelebt und dazu noch den gleichen Namen getragen haben, in der Überlieferung oft zu einer Person verschmelzen, ist durchaus verständlich. Wenn sich dieser Steinmetz Hans Wunderer tatsächlich im Bauernkrieg beteiligt hätte, wäre das auch kein Einzelfall; schließlich gab es auch andere Künstler wie z. B. Jörg Rathgeb und Tilman Riemenschneider, die beim württembergischen Haufen bzw. bei den Würzburger Bauern als Führer in Erscheinung getreten waren.

Der Steinmetz und Baumeister Hans Wunderer war schon kurz nach 1500 ein in der Region anerkannter Künstler. Zur Zeit des Bauernkrieges wäre er etwa 50 Jahre alt gewesen, was seine Teilnahme am Bauernkrieg ebenso unwahrscheinlich macht wie die Tatsache, dass er ein Jahr nach dem Bauernkrieg in Mühlhausen mit dem Neubau des Kirchenschiffes einen größeren Auftrag erhalten hat. Vom Bauernführer Hans Wunderer ist bekannt, dass er als leidenschaftlicher Draufgänger und radikaler Feind der Pfaffen und Klöster sich nach der Niederlage des württembergischen Bauernheeres bei Böblingen durch Flucht nach Hessen einer Bestrafung entzog. Noch 1531 wird er als Gefolgsmann des Landgrafen von Hessen erwähnt. Der Baumeister Hans Wunderer dagegen war 1529 bereits tot. Denn in diesem Jahr erwähnen Akten seine hinterlassene Witwe.

Der Bauernkriegsführer Hans Wunderer war ein Anhänger des 1520 von den Habsburgern aus seinem Herzogtum vertriebenen Herzogs Ulrich. Als dieser im Februar 1525 versuchte, vom Hohentwiel aus sein Land wieder zurückzugewinnen, stand er im Fähnlein von Brackenheim, Maulbronn und Vaihingen, das im Heer des Statthalters in Stuttgart gegen ihn ziehen sollte. Wunderer wiegelte seine Mannschaftskameraden gegen diesen Befehl auf, so dass diese sich am 1. März in Ofterdingen weigerten, weiter nach Balingen gegen den Herzog zu marschieren. Wunderer wurde daraufhin in Kirchheim unter Teck gefangen gesetzt. Nachdem er am 3. April Urfehde schwor, kam er wieder frei und ging ins Zabergäu zurück, wo er sofort bei den aufständischen Bauern eine führende Rolle übernahm. Auch nach der Flucht nach Hessen blieb er ein treuer Anhänger Herzog Ulrichs. In Landgraf Philipp von Hessen fand er einen Fürsten, der die Vertreibung der Habsburger aus Württemberg und die Rückkehr Herzog Ulrichs in sein Land unterstützte. Allerdings gelang dies erst 1534.

Die Namensgleichheit des Steinmetzen und Baumeisters mit dem Bauernkriegsführer und die Tatsache, dass beide aus dem gleichen Ort kamen und zwischen beiden sicherlich auch ein Altersunterschied bestand, lässt die Vermutung zu, dass die beiden auch in einer verwandtschaftlichen Beziehung standen. Der gleiche Vorname könnte darauf hindeuten, dass es sich um Vater und Sohn gehandelt hat.

Sternenfels und anderen Orten der Umgebung (vermutlich auch aus den herrenalbischen Dörfern) drangen in der Nacht vom Ostermontag zum Osterdienstag in den Pfleghof ein. Sie zerrissen die Zinsbücher und plünderten die Vorräte in den Kellern und Scheunen.

Die Bauern aus Ober- und Unterderdingen schlossen sich zunächst nicht den Aufständischen an. Als sie am nächsten Tag sahen, dass die Einddringlinge nur ein kleiner Haufen waren, trieben sie diese wieder aus dem Pfleghof. Diese zogen sich in das Zabergäu zurück und fanden dort Verstärkung im Stocksberger Haufen Hans Wunderers, dem die Stadt Brackenheim gerade die Tore versperrt hatte. Zwei Tage später kehrte der verstärkte Haufen wieder zurück nach Derdingen und fiel erneut in den Pfleghof ein. Sie „fraßen und soffen, trugen die frucht in bettziehen aus", schreibt Georg Schwarzerd. Diesem starken Zabergäuer Haufen unter der Führung Hans Wunderers waren die Derdinger Bauern nicht mehr gewachsen und schlossen sich ihm deshalb an. Jedenfalls war unter dem Bauernhaufen, der zwei Wochen später Herrenberg erstürmte, das Fähnlein von Derdingen mit 14 Mann.

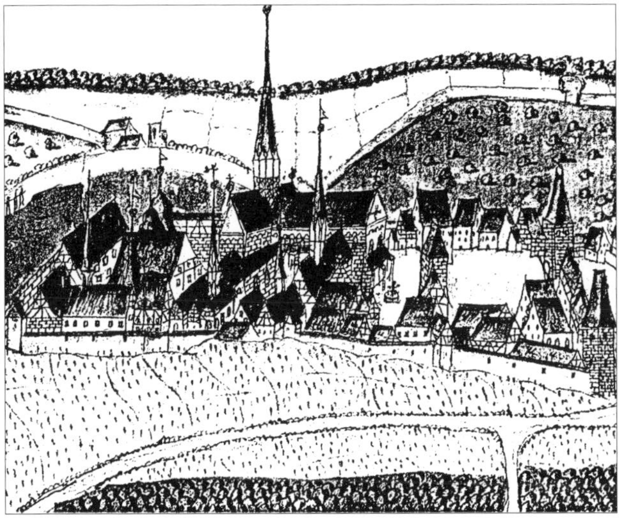

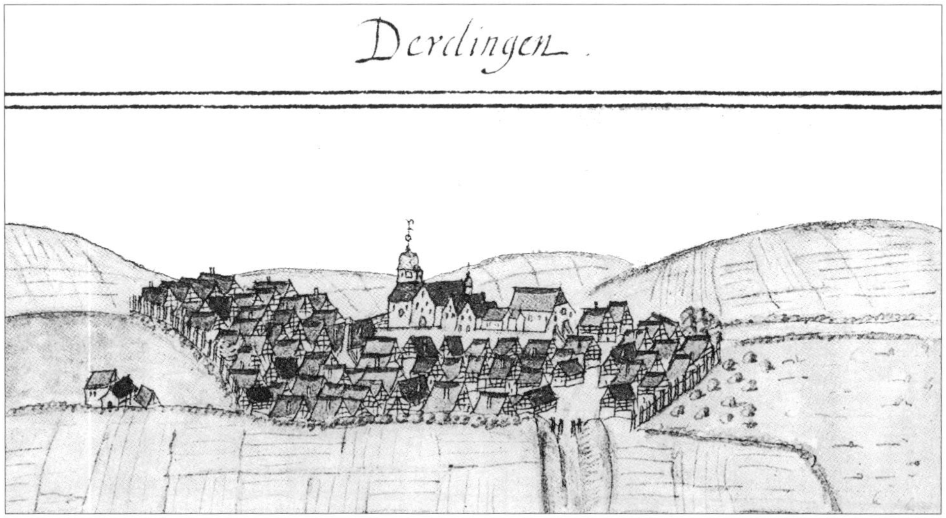


Dass gerade die Klosterhöfe mit ihren Vorratsräumen im Verlauf des Bauernkrieges immer wieder Ziel der Bauern waren, ist nicht allein auf deren Hass gegenüber den geistlichen Grundherren zurückzuführen. Es war häufig auch die pure Not, die die Bauern dazu trieb. Denn vor allem in den Realteilungsgebieten – und Südwestdeutschland gehört dazu – gab es viele Kleinbauern, die gerade das Existenzminimum erwirtschafteten.

Dies bestätigen auch zwei Bitten von Bauern an Hans Wunderer nach dem zweiten Einfall in den Derdinger Pfleghof. So bittet der in Oberderdingen wohnende Pfaffenhofener Jerg Lutz um Korn mit der Begründung, er sei „fast arm" und könne sonst seine arme Kinder nicht ernähren. Auch Jakob Weber aus Sulzfeld wandte sich aus diesem Grund an Hans Wunderer: „Es liegt etliche frucht bei uns allhie zu Derdingen, welche die arme leudt notdurftig seyn und gern von uns kaufen wollten." Wenn sie selber das Korn nicht an die Bedürftigen verkauften, kämen sicher bald andere, die dies täten.

Nach einigen Tagen zog der Zabergäuer Haufen von Derdingen weiter zu dem reichen Zisterzienserkloster Maulbronn. Das Kloster war schon einige Tage vorher in eine gefährliche Lage geraten, weil die Bauern des Klosters, vom aufrührischen Geist der Bauern der Umgebung angesteckt, sich nicht mehr ganz ruhig verhielten. Es gab zwar eine Klosterbesatzung, doch war sie zahlenmäßig schwach und zudem schlecht ausgerüstet. Wegen rückständigem Sold und Mangel an Munition und Schützen hatte noch dazu am 21. April der Hauptmann der Klosterbesatzung um seine Entlassung gebeten. Aus Angst waren auch der Abt und der Konvent geflohen. So war es für den Zabergäuer Haufen verhältnismäßig leicht, in das Kloster einzudringen und es zu besetzen. Die Bauern zerrissen wertvolle alte Bücher der Klosterbibliothek, plünderten das Kloster und hielten, wie Georg Schwarzerd schreibt, „freyen hof alda", was soviel heißt, sie lebten in Saus und Braus von den Vorräten in Keller, Küche und Fruchtspeicher des Klosters. Von hier aus schickten sie am 25. April einen Drohbrief an die Stadt Bretten, in dem sie diese aufforderten, sich ihnen anzuschließen und ihnen die Güter der in Bretten liegenden Kaufleute zu überlassen. Falls sie sich weigere, sie einzulassen, würden sie sich gewaltsam Einlass verschaffen und alle erwürgen, die über sieben Jahre alt seien. Doch es blieb bei diesen Drohungen.

Trotz aller Verwüstungen erlitten die Gebäude des Klosters keinen größeren Schaden. Eine von den radikalen Bauern beabstichtigte Zerstörung konnten die Besonneneren unter ihnen verhindern. Dies scheint vor allem ein Verdienst Hans Wunderers und Jäcklein Rohrbachs gewesen zu sein. Rohrbach hatte sich mit einigen seiner Freunden nach der wegen der Bluttat von Weinsberg erzwungenen Trennung vom Neckartaler Haufen schon beim Sturm auf den Stocksberg dem Zabergäuer

*Oben links: Kloster Maulbronn; rechts: Oberderdingen. Vom dortigen Pfleghof aus wurde der im Kraichgau liegende Besitz des Klosters Herrenalb verwaltet (aus dem „Forstlagerbuch" von Andreas Kieser, 1683).*

*Linke Seite, kleine Abbildung: Steinmetzzeichen Hans Wunderers.*

*Drei Bauern (Kupferstich von Hans Sebald Beham, 1546).*

*Oben: Bauer mit Armbrust (Holzschnitt von Jost Amman, Mitte 16. Jahrhundert).*

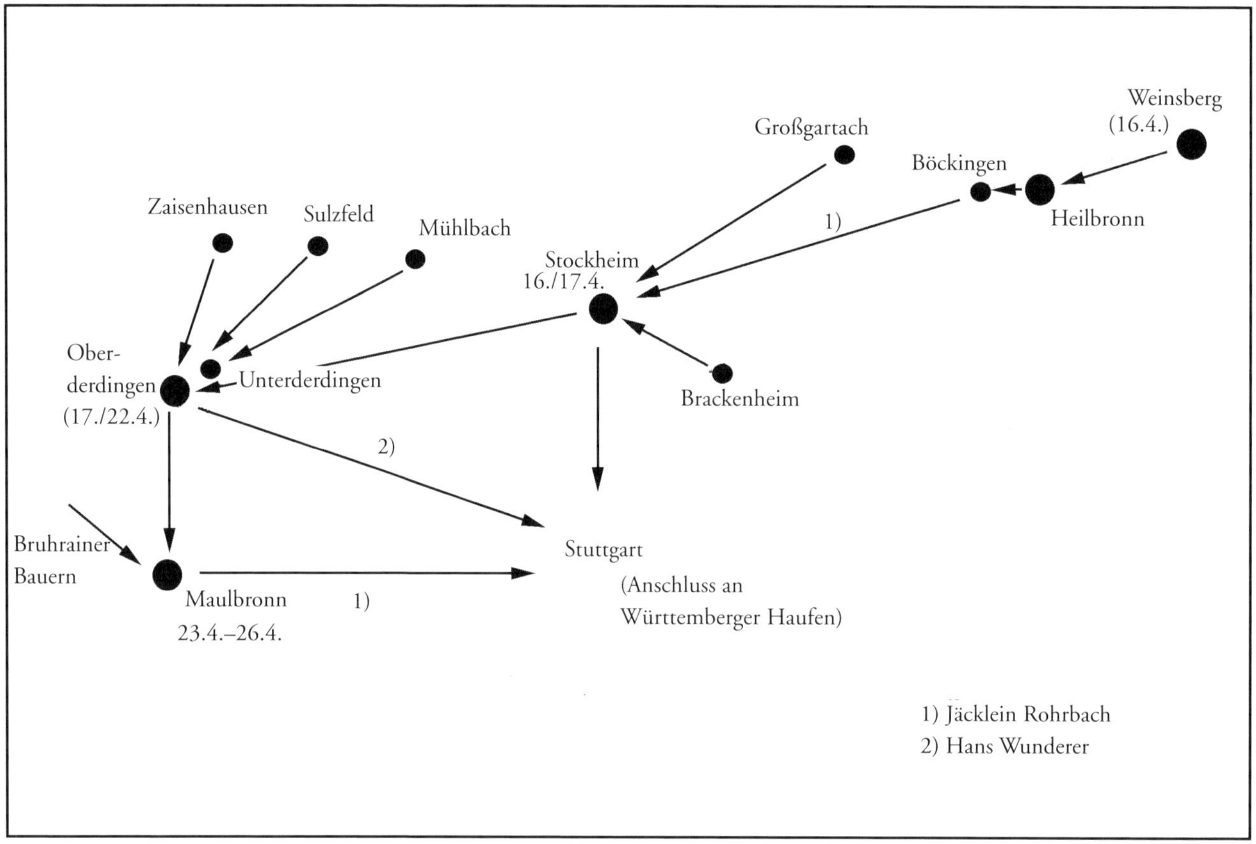


*Rechts: Zugskizze des Zabergäuer Haufens.*

*Unten: Bäuerliche Waffen (von links nach rechts: Kriegssense, gezackte Keule, Kettenmorgenstern, Fischspieß, Hellebarde).*

Haufen angeschlossen und diente nun als Unterführer neben Hans Wunderer. In einem Brief vom 1. Mai an Hans Wunderer, der schon von Derdingen aus mit einem Teil des Zabergäuer Haufens in Richtung Stuttgart gezogen war, berichtet er von der Absicht eines Teils der in Maulbronn liegenden Bauern, die Gebäude des Klosters verkaufen und abbrechen oder verbrennen zu wollen. In seinem zwei Tage später eingetroffenen Antwortbrief warnte Wunderer die Heißsporne und machte ihnen klar, dass sich die Zerstörung des Klosters mit ihrem Schwur auf die Zwölf Artikel und der christlichen Ordnung des Haufens nicht vereinbaren ließe.

Anfang Mai vereinigte sich der in Maulbronn liegende Teil des Zabergäuer Haufens mit Bauern des Bruhrainer Haufens und zog unter dem Kommando Jäcklein Rohrbachs als Maulbronner Haufen durch den Zabergäu in Richtung Stuttgart, um sich dort mit dem Württembergischen Haufen zu vereinigen.

# Die Erhebung der Bauern in der Markgrafschaft Baden

Nur wenige Tage nach dem Beginn des Aufstands im Heilbronner Raum und im südöstlichen Kraichgau begannen auch im südwestlichen Kraichgau die Bauern unruhig zu werden. Am Abend des Palmsonntags (9. April) sammelten sich ca. 2000 Bauern der Markgrafschaft Baden-Durlach aus den Dörfern des Pfinztals und den benachbarten Täler – so unter anderem aus Berghausen, Singen, Wilferdingen, Stein, Königsbach, Wössingen, Nöttingen, Darmsbach, Dietlingen, Ellmendingen und Stupferich – in Berghausen, „um Evangelium und Gerechtigkeit helfen handhaben". Den Markgrafen erkannten sie als ihren Herrn an, forderten aber die Freiheit von Wasser und Weide und die Aufhebung des Zolls.

Dass sich die markgäflichen Bauern des Pfinztals und um Durlach schon in den ersten Tagen des allgemeinen bäuerlichen Aufruhrs mitreißen ließen, überrascht eigentlich. Denn bei den Zeitgenossen galt Markgraf Philipp als ein milder und redlicher Herrscher, der sich durch seine bescheidene Hofhaltung und durch ein von Gewalttätigkeiten freies landesherrliches Regiment von anderen Fürsten seiner Zeit wie z. B. Ulrich von Württemberg oder Philipp von Hessen deutlich abhob. Großes Ansehen besaß er sogar bei den Bauern selber. Denn eine der radikalsten Flugschriften des Bauernkriegs, die anonym unter dem Titel „An die versammlung gemayner Pawerschafft..." vermutlich Mitte April in Oberdeutschland erschienen ist und die die Rechtmäßigkeit des bäuerlichen Kampfes zu rechtfertigen sucht, nimmt nur zwei Fürsten von ihren leidenschaftlichen Vorwürfen gegen die unchristliche, ausbeuterische Art weltlicher Obrigkeit aus, nämlich Kurfürst Friedrich der Weise von Sachsen und Markgraf Philipp von Baden.

Wenn sich nun die markgräflich-durlachischen Bauern so schnell mitreißen ließen, dann hat dies sicher seinen Grund in der Unzufriedenheit mit der konkreten Situation in diesen Dörfern. Als 1514 die bäuerliche Aufstandsbewegung des Armen Konrad von Württemberg nach Baden, vor allem in den Raum Bühl, übergriff, ließ der Markgraf sein Land durch seine Beamten bereisen und die Beschwerden seiner Bauern sammeln, um so einen Überblick über Klagepunkte zu bekommen und einem möglichen weiteren Aufstand zuvorzukommen. In Berghausen war die Unzufriedenheit besonders groß. Die Bauern klagten Konrad von Venningen, dem Vogt von Durlach, ihre Belastungen seien zu hoch. Vor allem das Haupt- und Todfallrecht, die Zölle und die Wegegelder bedrücke sie hart. Außerdem beanspruchten die markgräflichen Schäfereien die Allmenden, die ihr Vieh als Weide selbst benötige. Die Berghausener Bauern begründeten ihre Notlage vor allem damit, dass sie noch immer an den finanziellen Belastungen aus dem pfälzischen Krieg von 1462/63 zu leiden hätten. Denn die für die damalige Zeit ungeheuere Reparationszahlung von 200 000 Goldgulden, die Baden nach seiner Niederlage an die Kurpfalz zahlen musste, wurde zum größten Teil auf die Untertanen umgelegt.

Vergleicht man die Beschwerden von 1514 mit den Forderungen der Berghausener und der anderen Pfinztaler Bauern von 1525, zeigt sich, dass sich in den 11 Jahren dazwischen nicht viel an ihrer Situation gebessert hat, denn die freie Nutzung der Allmende und die Aufhebung des Zolls sind in beiden Fällen als konkrete Forderung genannt. Diese nach wie vor vorhandene allgemeine Unzufriedenheit der Bauern war daher ein guter Nährboden für die revolutionären Ideen, die im März/April von Oberschwaben, vom Schwarzwald und vom Oberrhein her auch in das Pfinztal getragen wurden.

Nachdem sich die markgräflich-badischen Bauern des Pfinztals in Berghausen gesammelt und auf die Zwölf Artikel eingeschworen hatten, zogen sie weiter nach Durlach, der Residenz der Markgrafen von Baden-Durlach. Zu ihrem Hauptmann hatten sie Hans Winkler aus Durlach gewählt. Die Durlacher Bürger, die als Bürger einer landesherrlichen Stadt sich in ihrer Rechtsstellung nicht so sehr von der der Bauern unterschieden, schlossen sich dem Zug an. Sie hatten bereits vor der Ankunft des Zuges

*Schwur der Bauern oder Landsknechte (Holzschnitt aus Thomas Murner „Von dem grossen Lutherischen Narren", Straßburg 1522).*

*Reisiger, so wurde damals ein berittener Landsknecht genannt (Kupferstich von Barthel Beham, um 1525).*

*Links: Zugskizze der aufständischen Bauern in der Markgrafschaft Baden-Durlach.*

*Rechts: Drei Bauern im Gespräch (Kupferstich von Albrecht Dürer). Die Bauern um 1500 trugen gewöhnlich ein Schwert. „Ohne Waffen", schreibt Johannes Boemus, „geht kein Mann aus".*

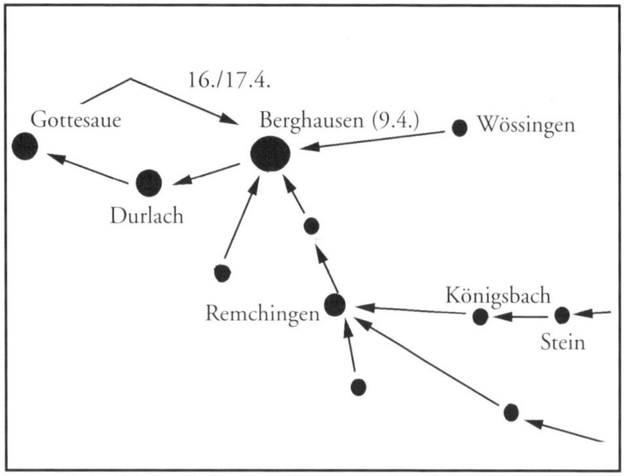

den Amtmann abgesetzt und ins Gefängnis geworfen und öffneten die Tore. Von hier aus schickten sie Boten nach Ettlingen und nach Pforzheim und in den Kraichgau, um die badischen Nachbarstädte und Dörfer zum Anschluss zu bewegen.

Nachdem sich die Bauern in den fürstlichen Kellern gütlich getan hatten, setzten sie ihren Marsch fort zum Kloster Gottesaue, verwüsteten und plünderten es. Die Bauern von Berghausen taten sich dabei besonders hervor. Überrascht und verunsichert durch den Aufstand seiner Untertanen, schickte Markgraf Philipp darauf hin einige Räte in das Lager der Bauern, um mit ihnen zu verhandeln. Diese forderten die Bauern auf, ihre Beschwerden vorzubringen, und sicherten ihnen eine Verbesserungen ihrer Lage zu. Im Vertrauen darauf, dass Markgraf Philipp diese Zusicherung einhalten werde, gingen die Bauern nach den Osterfeiertagen (16./17. April) wieder auseinander.

Entgegen dieser Zusage statuierte jedoch Markgraf Philipp am Dorf Berghausen, von dem der Aufstand ausgegangen war, ein Exempel, um seine Bauern einzuschüchtern und von weiteren Aufstandsversuchen für immer abzuhalten. Er schickte deshalb wenige Tage später den in markgräflichen Diensten stehenden Ritter Kilian von Berwangen mit einem Trupp Reiter mit dem Befehl nach Berghausen, den Ort anzuzünden und durch Brand zu zerstören. Die Flammen des brennenden Dorfes waren bis weit in die Rheinebene hinein zu sehen und sollten das Ende des Aufstandes, die Niederlage der Bauern und die Bestrafung der Rebellen durch ihren Landesherrn verkünden.

Doch statt die Bauern durch das Exempel zu beruhigen, trat genau das Gegenteil ein. Die Bauern des Pfinztals ließen sich durch diese Strafaktion nicht einschüchtern. Empört reagierten sie auf den Wortbruch des Markgrafen und rotteten sich wenige Tage später zu einem zweiten Aufstand zusammen. Verstärkung erhielten sie durch den Zulauf von aufständischen Bauern des Hochstifts Speyer, die am 23. April Bruchsal eingenommen hatten und nun weiter nach Süden in die Markgrafschaft Baden zogen, um sich mit ihnen dort zu vereinigen. Die ganze Markgrafschaft von der Pfinz bis zum Hochrhein war nun im Aufruhr.

# Der Aufstand im Hochstift Speyer und im Stift Odenheim

Zehn Tage nach dem Beginn des Aufstandes in der Markgrafschaft Baden sprang der Funke der Revolution auch über in das Hochstift Speyer. Am Mittwoch nach Ostern, dem 19. April, hatte der Knecht Adam im Auftrag Bischof Georgs eine Fuhre Wein von Rotenberg nach Udenheim, der Residenz des Bischofs, zu bringen. Auf dem Rückweg hielten ihn bei Malsch etliche Bauern an und wollten ihn zwingen, den Wein nicht nach Udenheim, sondern in das Lager der Aufständischen nach Weinsberg zu fahren mit der Begründung, der Wein gehöre nicht dem Bischof, sondern es sei ihr Wein. Mit Mühe konnte der Knecht die Bauern dazu überreden, ihn doch nach Udenheim fahren zu lassen.

Am nächsten Tag versammelten sich 50 Bauern auf dem Letzenberg bei Malsch, wo sie beschlossen, Schreiben an die Dörfer im Bruhrain und im Kraichgau zu schicken mit der Aufforderung, sich ihnen bewaffnet anzuschließen und für das Evangelium, die göttliche Gerechtigkeit und die Zwölf Artikel zu kämpfen. Bis zum Abend war der Haufen bereits auf 500 bis 600 Mann angewachsen. Sie erbrachen den gut gefüllten Weinkeller des Domkapitels in Malsch und tranken auf die neue Freiheit.

Dem Vogt von Kislau war das Schreiben an die Bauern von Mingolsheim zu Gesicht gekommen. Er brachte es sofort dem Bischof nach Udenheim. Vergeblich versuchte der Bischof auf friedlichem Wege, mit Versprechungen und dem Angebot zu verhandeln, die Bauern davon abzuhalten, sich den Aufständischen in Malsch anzuschließen. So schickte er den Vogt Hans von Bühl mit Reisigen, verstärkt durch eine größere Zahl treuer Untertanen, ins Bauernlager nach Malsch, um die Bauern gewaltsam auseinander zu jagen. Unterwegs stieß auch der pfälzische Marschall Hans von Habern mit 200 Reitern und Geschützen hinzu. Ihn schickte Kurfürst Ludwig V., der Bruder des Bischofs. Hilfe erhoffte sich Bischof Georg auch von seinem Schwager, dem Markgrafen Philipp von Baden, doch der musste ablehnen, weil sich seine eigenen Bauern im Aufstand befanden.

Der ständig weiter anwachsende Malscher Haufen bezog nun auf dem Letzenberg sein Lager. Die mit Rebstöcken bepflanzten Hänge des Berges erschwerten einen Angriff der beiden gut bewaffneten Reitertruppen. Als die als Fußvolk mitmarschierenden Bauern, statt den Berg zu stürmen, zu den Aufständischen überliefen, blieb den Reitern nichts anderes übrig, als wieder abzuziehen.

*Bewaffnete Bauern organisieren sich (Holzschnitt von Hans Tirol, Ausschnitt, 1530).*

*Rechts: Stadt und Burg Rotenberg, Sitz eines der fünf rechtsrheinischen Ämter des Hochstifts Speyer (Ausschnitt aus der Landtafel von 1548).*

*Links: Kislau. Das Schloss war bis 1803 Amtssitz der fürstbischöflich-speyerischen Obervögte am Bruhrain. (Einblattdruck von 34 Örtlichkeiten der Unteren Pfalz und Umgebung, 1622/1623).*

Noch einmal ließ Bischof Georg den Bauern in Malsch einen Brief zukommen, in dem er den Bauern Verhandlungen über ihre Beschwerden anbot. Doch diese lehnten unter dem Hinweis ihres Eids auf die Zwölf Artikel jedes Gespräch ab, solange er nicht auf ihre Forderungen, künftig dem Domkapitel weder Zehnten noch Zinsen und Gülten zu entrichten, eingehe. Immer mehr Bauern aus den Dörfern des Bruhrains und Kraichgaus liefen zu den Aufständischen über. Am Sonntag, dem 23. 4. setzten sich die Bauern in getrennten Trupps in Richtung Bruchsal in Bewegung. Unterwegs nahmen sie Stadt und Schloss Rotenberg, das Schloss in Kislau, die Dörfer des Amtes Udenheim, die Stadt Udenheim selbst sowie Bruchsal ein. Auch die Burg in Obergrombach fiel ohne Gegenwehr in die Hände der Bauern. Als Bischof Georg erkannte, wie schnell der ganze Bruhrain von ihm abfiel, floh er aus seiner Residenz Udenheim nach Heidelberg, um bei seinem Bruder, dem Kurfürsten, Schutz zu suchen.

Auch die Odenheimer Bauern rotteten sich zusammen, nachdem sie von den Aufständischen in Malsch einen Brief mit der Aufforderung zum Anschluss erhalten hatten. Zu ihrem Führer wählten sie den Altschultheißen Marx Hovwarth, „Duchscherer" genannt, weil er von Beruf Schneider war. Als ehemaliger Vertrauensmann des Abtes bzw. Stiftpropstes wusste er, dass bei der Verlegung des Stifts von Odenheim nach Bruchsal 1507 in der Translationsurkunde festgelegt worden war, das die Türme, Mauern und Gebäude des alten Klosters niedergelegt werden sollten. Dies war aber seitdem nicht geschehen. Als nun seine Bauern ein „Opfer" verlangten, lenkte er sie auf das ehemalige Kloster. Ohne Widerstand zu finden, drangen sie in das Kloster ein und steckten es in Brand. Selbst vor der Klosterkirche schreckten sie nicht zurück. Mit besonderer Wut drangen sie auch in das Archiv ein, weil sie dort die Zinsbücher und Abgabenverzeichnisse vermuteten. Doch diese hatten die Stiftsherren bereits bei ihrem Umzug nach Bruchsal mitgenommen. So vernichteten sie die wertvollen Bücher der Bibliothek, die die Mönche über Jahrhunderte aufgebaut hatten. Nach der Zerstörung des Klosters setzten sich die Odenheimer Bauern in Richtung Bruchsal in Marsch, um sich dort mit dem Bruhrainer Haufen zu vereinigen.

Nach der Einnahme Bruchsals am Abend des 23. April wählten die Bauern sofort Johann von Hall und den Durlacher Bürger Friedrich Wurm, Ratsherr in Bruchsal, zu ihren Hauptleuten. Schon am nächsten Morgen brach ein Teil des Bruhrainer Haufens wieder auf, um sich mit den markgräflichen Bauern, die sich nach der Niederbrennung Berghausens durch die Reisigen Markgraf Philipps erneut erhoben haben, zu verbünden.

Am 26. April nahmen die Bauern des vereinigten markgräflichen und bruhrainischen Haufens zum zweiten Mal die Stadt Durlach ein. Dann marschierten sie zum Kloster Gottesaue weiter, das sie nun völlig zerstörten. Mit den Steinen des zerstörten Klosters wollten sie den Ort Berghausen wiederaufbauen. Auch die Städte Ettlingen und Baden-Baden schlossen sich dem Aufstand an.

Nächstes Ziel der Bauern nach der Zerstörung des Klosters Gottesaue war der Pfleghof des Klosters Herrenhalb in Langensteinbach, den sie plünderten. Von dort zogen sie weiter zu den Klöstern Herrenalb und Frauenalb. Vorsorglich hatte Markgraf Philipp Untertanen von Kuppenheim in das Kloster Frauenalb beordert, um die Klosterfrauen zu beschützen. Am Abend des 28. April, kurz bevor die Bauern in das Kloster eindrangen, konnten die Klosterfrauen noch rechtzeitig nach Gernsbach fliehen. Die Bauern aus dem Hochstift Speyer, die noch von Bauern aus Malsch (bei Ettlingen), Rastatt und Ettlingen Verstärkung erhielten, stürmten das Kloster Frauenalb ohne Gegenwehr, ja die Klosterknechte und Klosteruntertanen schlossen sich sogar bereitwillig den Aufständischen an. Diese zerrissen die Bücher der Klosterbibliothek, plünderten das Kloster und zerstörten es schließlich ganz. Auch das Kloster Herrenalb wurde durch die markgräflichen und speyerischen Bauern geplündert und zerstört.

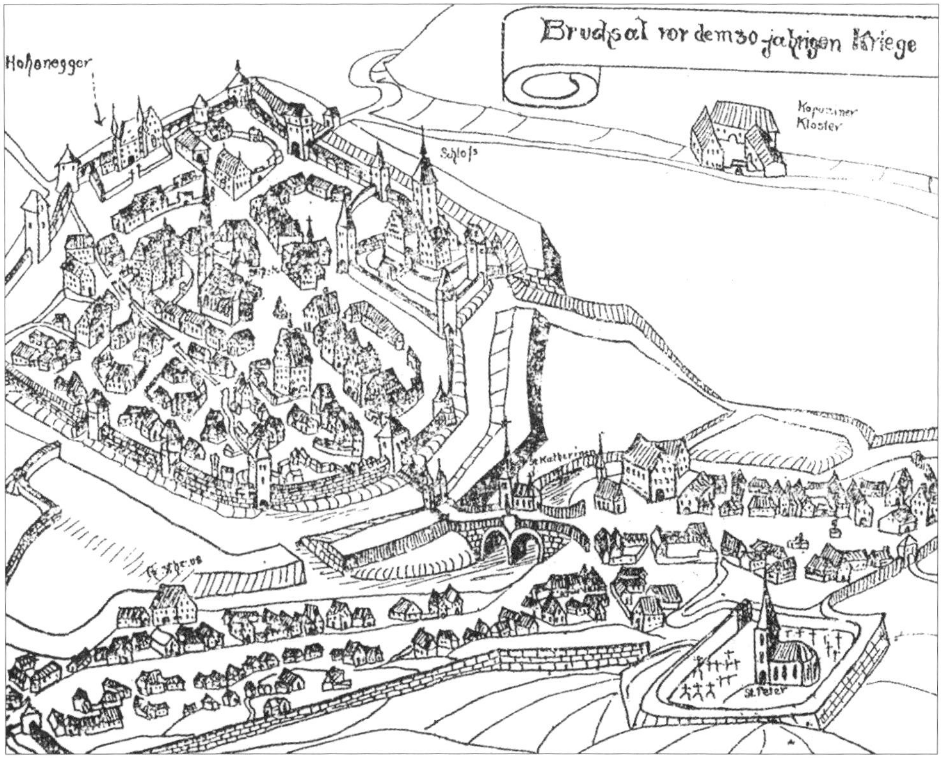

*Oben: Bruchsal vor dem Dreißigjährigen Krieg (Rekonstruktionszeichnung von Roman Heiligenthal, 1910/20, Stadtarchiv Bruchsal).*

*Unten: Stift Odenheim, ehemaliges Benediktinerkloster, wie es nach 1671 wieder aufgebaut wurde (Kolorierter Stich von L. Prey, 1801).*

*Bauern plündern ein Kloster (aus Jacob Murers Weißenauer Chronik des Bauernkrieges von 1525).*

Für Bischof Georg von Speyer war es eine schmerzliche Erfahrung, mit ansehen zu müssen, dass nicht nur seine Untertanen, die er gegen seine aufständischen Bauern bei deren Angriff auf Bruchsal aufbot, zu den Aufständischen überliefen, sondern dass auch auf die Bürger seiner Residenz Udenheim kein Verlass mehr war. Denn sofort nach seiner Abreise nach Heidelberg drangen diese in sein Schloss ein, um darin „nach Gefallen zu essen und zu trinken, zu schalten und zu walten“. Daher folgte er dem Rat seines Bruders, des Kurfürsten Ludwig V., mit seinen bruhrainischen Bauern zu verhandeln, auch wenn dies die Bauern nicht wünschten. Deswegen verließ er, nachdem ihm wenigstens für seine Person freies Geleit versprochen wurde, am 26. April mit kleinem Gefolge Heidelberg. Vor Bruchsal musste er feststellen, dass die Bauern bereits in die Markgrafschaft abgezogen waren. Da in Bruchsal selbst ein Bauernregiment herrschte, schien es ihm sicherer, wieder nach Heidelberg zurückzukehren. Von dort aus nahm er über seinen Landschreiber noch einmal Kontakt mit den Bauern auf, die ihm sofort einen neuen Geleitsbrief ausstellten.

Am 28. April machte er sich mit einigen Vertrauten ein zweites Mal auf den Weg zu Verhandlungen in Richtung Herrenalb. Im Schloss Altenburg (heute Karlsdorf) übernachtete er. Einige Bauern aus Untergrombach begleiteten ihn am nächsten Tag an Durlach vorbei nach Langensteinbach, wo sich ihm ein Bild der Verwüstung bot. Bei der Plünderung des herrenalbischen Klosterhofes hatten die Bauern auch das Archiv zerstört, Urkunden zerrissen und auf die Wege gestreut. Mittags um zwei Uhr erreichte der Bischof mit seinen Getreuen das Kloster Herrenalb, gerade als die Bauern die Klosterbesatzung auf die Zwölf Artikel verpflichteten. Auch hier fand er das gleiche Bild der Verwüstung und Zerstörung vor. Reste von Urkunden des Archivs und Büchern der Bibliothek lagen verstreut auf den Gängen, Bilder und Stühle der Klosterkirche waren zerschlagen, im Weinkeller die Fässer zertrümmert, so dass der Wein auslief und so hoch den Kellerboden bedeckte, dass „eine junge Gans darin hätte schwimmen können“. Die Nacht verbrachte der Bischof unter entwürdigenden Umständen in der Abtskammer „auf der Erde im Stroh“. Zwei Bauern wachten vor seiner Türe.

Am Morgen des 30. April begannen die Verhandlungen. Zunächst hielt Bischof Georg vor den versammelten Vertretern der Bauern ein kurze Ansprache, in der er erklärte, dass Bernhard Göler von Ravensburg in seinem Namen die Verhandlungen führen solle. Dieser handelte folgendes Ergebnis aus:

Die Bauern bewilligten die Forderungen des Bischofs, dass er seine Schlösser wieder in Besitz nehmen dürfe, sofern dies ohne Kampf geschehe. Sie seien auch bereit, den Bischof als ihren weltlichen Herrn anzuerkennen und alles zu tun, was dem göttlichen Wort und dem Evangelium entspreche. Doch müsse der Bischof wie sie auf die Zwölf Artikel schwören. Das Domkapitel lehnten sie ab; „der Pfaffheit Nester“ in Speyer wollten sie zerstören und ihnen keine Abgaben mehr leisten. Um die Bauern zu beschwichtigen, erklärte sich Bischof Georg sogar dazu bereit, das Wort Gottes und das heilige Evangelium predigen zu lassen, wenn sie geeignete Prediger fänden.

Einem Gerücht zufolge, verlangten die Bauern von Bischof Georg sogar, er solle „ein herr in den pawren

## Bernhard Göler von Ravensburg – ein evangelischer Ritter im Dienst eines katholischen Bischofs

Eine der interessantesten Gestalten der Kraichgauer Ritterschaft um 1500 ist zweifellos Bernhard Göler von Ravensburg (1480–1554). Ab dem 16. Lebensjahr erlebte er prägende Jahre am Hofe Kurfürst Philipps, indem er am Unterricht von dessen Söhnen bei den Heidelberger Frühhumanisten unter der Leitung von Johannes Reuchlin teilnehmen durfte. Nach dem Tod seines Vaters übernahm er die Verwaltung der Güter in Sulzfeld. Durch seine zweite Frau, Anna von Velberg, wurde er auch mit Ulrich von Hutten verwandt. 1517 begleitete er den jüngeren Bruder des Kurfürsten Ludwig V., den Prinzen Heinrich, auf einer Pilgerreise nach Santiago de Compostella in Spanien. Im April 1518 war er Zuhörer bei Luthers Disputation in Heidelberg. 1521 erlebte er Luther noch einmal bei seinem Verhör durch Kaiser Karl V. in Worms. Beide Begegnungen mit Luther beeindruckten ihn so tief, dass er bereits 1522 den evangelischen Prediger Johann Gallus zum Pfarrer in Sulzfeld berief. Bernhard Göler zählte zusammen mit Dietrich, Philipp und Wolf von Gemmingen zu den ersten Rittern des Kraichgaus, die in ihren Orten die Reformation durchführten.

Obwohl Bischof Georg von Speyer die evangelische Gesinnung Bernhard Gölers nicht verborgen blieb, zog er ihn während des Bauernkrieges auf Empfehlung seines Bruders Kurfürst Ludwig V. von der Pfalz zu Diensten heran. Aber auch für Bernhard Göler war es selbstverständlich, als evangelischer Adliger einem katholischen Fürsten in dessen Bedrängnis zur Seite zu stehen. So begleitete er Bischof Georg zu Verhandlungen mit den aufständischen Bauern seines Hochstifts ins Kloster Herrenalb (29./30. April) und zu dem dort vereinbarten „gemeinen Tag" in Udenheim (4. Mai), wo er als Unterhändler des Bischofs wesentlich dazu beitrug, dass die Bauern des Hochstifts wieder auseinander gingen. Wenige Wochen später wurde er als kurpfälzischer Bundesrat für zwei Jahre an den Schwäbischen Bund nach Ulm abgeordnet. Dort erhielt er sofort den Auftrag, ins Lager des Heeres des Schwäbischen Bundes zu ziehen, um mäßigend auf Jörg Truchseß von Waldburg in seinem Bestrafungsfeldzug gegen die Bauern einzuwirken.

Da Kurfürst Ludwig V. von der Pfalz mit Rücksicht auf den Kaiser eine sehr unentschlossene Haltung gegenüber der Reformation einnahm, trat Bernhard Göler in den Dienst Herzog Ulrichs von Württemberg, nachdem dieser 1534 nach 14-jähriger Verbannung wieder nach Württemberg zurückgekehrt war und dort die Reformation durchgeführt hatte, zunächst als Obervogt in Vaihingen und später als Rat am herzoglichen Hof in Stuttgart. Nach seinem Sieg über den Schmalkaldischen Bund versuchte Kaiser Karl V. die evangelischen Stände zur Rückkehr zum katholischen Glauben zu zwingen. Da Bernhard Göler als überzeugter Lutheraner sich weigerte, seinem Glauben abzuschwören, besetzten und verwüsteten die kaiserlichen Truppen an Weihnachten 1546 die Ravensburg, Sulzfeld und Zaisenhausen und zogen seinen ganzen Besitz ein. Erst nach langen Verhandlungen gelang es Bernhard Göler mit Unterstützung der benachbarten Territorialfürsten, seine Güter vom Kaiser wieder zurückzubekommen.

*Bernhard Göler von Ravensburg mit Bischof Georg von Speyer bei den Verhandlungen mit den aufständischen Bauern im Kloster Herrenalb (Deckengemälde im Treppenhaus des Bruchsaler Schlosses von Johannes Zick, 1752; beim Bombenangriff 1945 wurde es vernichtet, beim Wiederaufbau des Schlosses von Karl Manninger originalgetreu nachgeschaffen).*

*Oben links: Bischof Georg von Speyer, Pfalzgraf bei Rhein und Herzog von Bayern (Nachzeichnung einer zeitgenössischen Medaille).*

*Rechts: Bauer und Ritter (Holzschnitt Augsburg 1521).*

(=Bauern) sein und ein weyb nehmen". Wenn er aber „nit weltlich will werden und kinder machen", wollten sie nach seinem Tode an die Pfalz fallen und Kurfürst Ludwig V. untertänig sein. Demnach übernahmen hier die Bauern Bestrebungen Luthers, das Zölibat aufzuheben und den geistlichen Stand zu verweltlichen.

Am Ende der Verhandlungen sprach Bischof Georg auch noch die Anliegen Markgraf Philipps und Kurfürst Ludwigs V. an. Dem Markgrafen, versicherte der Stadtschreiber Hohermut von Bruchsal, hätten sie bereits mitgeteilt, dass sie gegen ihn nichts mehr unternehmen würden. Und in Bezug auf den Kaufmannszug, der in Bretten unter pfälzischem Geleitschutz läge, erklärte er, sie wollten gegen ihn auch nichts unternehmen, solange kein anderer Haufe ihn für sich beanspruche. Er versprach sogar, wenn die Kurpfalz, das Hochstift Speyer und Baden sich vereinigten, mit diesen gegen andere Bauernhaufen zu ziehen, falls diese einen der drei Fürsten angriffen.

Obwohl der Bruhrainer Haufen sich zu den Zwölf Artikeln bekannte, zeigt das Verhandlungsergebnis, dass er, im Vergleich zu fast allen anderen Bauernhaufen, weit weniger revolutionär war. Denn er beabsichtigte eigentlich nur den ersten Artikel, nämlich die ungehinderte Predigt des Evangeliums, durchzusetzen. Sonst beschränkte er sich nur auf die Forderung, den Besitz und die Herrschaft der Kirche zu beseitigen.

Nicht unzufrieden mit dem Verhandlungsergebnis machte sich Bischof Georg mit seinen Begleitern am Nachmittag auf die Rückreise nach Heidelberg. Zwar rüttelten die Abmachungen an den Grundfesten seines geistlichen Territoriums, doch er hatte zunächst Zeit gewonnen und die Bauern vor weiteren Ausschreitungen abgehalten. Im Grunde hoffte er, dass die weitere Entwicklung das Blatt zugunsten der alten Obrigkeiten wenden würde und all die Zugeständnisse wieder rückgängig gemacht werden könnten. Und diese Hoffnung war durchaus berechtigt, denn das Heer des Schwäbischen Bundes unter Jörg Truchseß von Waldburg hatte schon am 4. April bei Leipheim einem der oberschwäbischen Bauernheere eine erste vernichtende Niederlage zugefügt, wobei rund 1000 Bauern umkamen und 4000 Bauern gefangen wurden, und bis Mitte April den einen der großen oberdeutschen Haufen zersprengt. Auf dem Rückweg stieß Bischof Georg fast überall im Hochstift auf bewaffnete Bauern. In Stettfeld wurde er von einigen Bauern beschimpft und bedroht. Der Bauer Paulus Dopf drängte sich mit dem Spieß in der Hand heran und fragte den Bischof höhnisch, wie ihm die Sache gefiele. Dieser antwortete: „Jetzt besser als am Anfang". Da griff Dopsch in die Zügel des bischöflichen Pferdes und rief: „Ein Herr wirst du nimmer lange sein". Dann versetzte er dem Pferd einen Schlag und gab dem Bischof die Zügel wieder zurück.

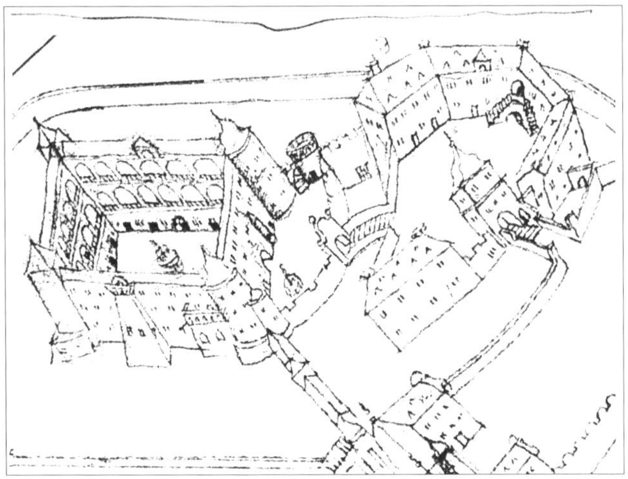

*Ansicht von Schloss Udenheim von Osten.*
*Das Schloss Udenheim (heute Philippsburg) war von 1371 bis 1723 fast ununterbrochen Residenz der Bischöfe von Speyer. (Ausschnitt aus einer Federzeichnung, nach1612, StA Marburg).*

Am 3. Mai fanden in Udenheim neue Verhandlungen zwischen Bischof Georg, dem Domkapitel und der Stadt Speyer mit den Bauern statt. Nach langwierigen Verhandlungen einigte man sich am 5. Mai auf einen Vertrag, der Folgendes vorsah: Im ganzen Bistum sollte das Evangelium gepredigt werden. Der Bischof sei der alleinige Herr des Bistums und das Domkapitel habe nichts mehr

*Rechts: Zug der Bauern des Hochstifts Speyer und der markgräflichen Bauern (2. Aufstand).*

*Unten: Wahrheit (Holzschnitt aus Thomas Murners „Von dem grossen Lutherischen Narren", Straßburg 1522).*

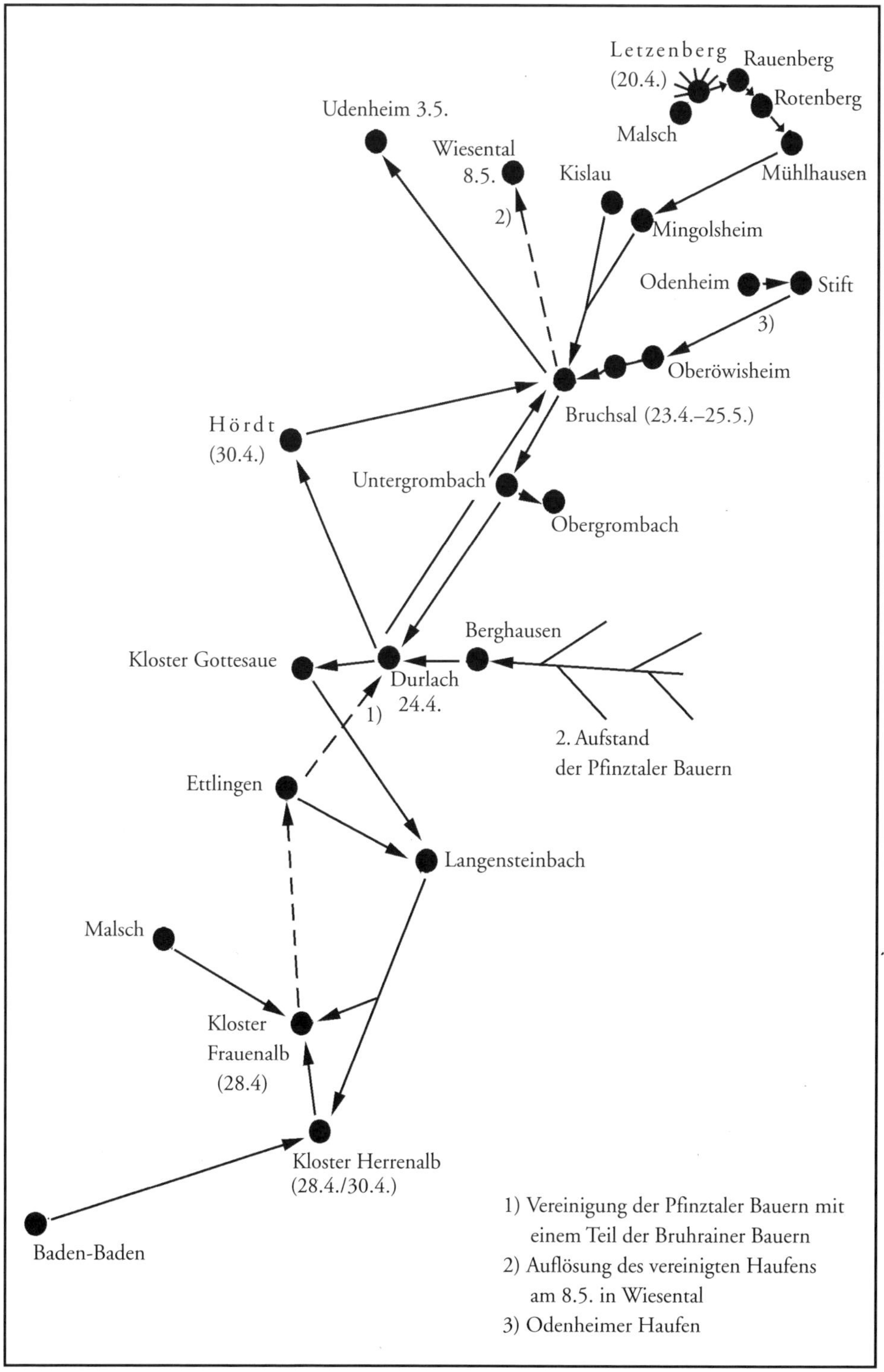

*Bauer, Handwerker und Knechte schlagen auf Ritter, Mönch und Papst ein (Holzschnitt von Erhard Schön, um 1525).*

zu sagen. Die Geistlichkeit sollte keine Zinsen und Gülden erhalten außer von den Eigengütern. Die Bauern verzichten bis zu einer endgültigen Regelung auf die Ersetzung der Kosten ihres Zuges. Bei der Inventarisierung der Güter des Stifts durch die Stadt Speyer sollte ein Vertreter des Bischofs zugegen sein. Schließlich sollten die Bauern der Geistlichkeit Sicherheitsbriefe ausstellen und den anderen Bauernhaufen mitteilen, dass sie sich mit der Geistlichkeit vertragen hätten. Zum Schluss musste die Geistlichkeit eine größere Lieferung von Lebensmitteln versprechen, die den Bauern in Rheinhausen übergeben werden sollte.

Auf Betreiben Bischof Georgs wurden am 8. Mai auch ein Abkommen zwischen den speyerischen und markgräflichen Bauern und der Kurpfalz abgeschlossen. Die Bauern sicherten zu, gegen den Kurfürsten nichts zu unternehmen und die Straßen im Bruhrain wieder zu öffnen, während der Kurfürst sich verpflichtete, nicht gegen die Bauern zu ziehen und auch Untertanen, die sich den Aufständischen angeschlossen haben, nicht zu bestrafen. Auch Markgraf Philipp versprach, dem Evangelium und der Gerechtigkeit helfen zu wollen.

Im Vertrauen darauf, dass sie mit den Vereinbarungen mit Bischof Georg, mit Markgraf Philipp und mit Kurfürst Ludwig V. ihre Forderungen durchgesetzt hätten, versammelten sich die Bauern noch einmal am 8. Mai auf freiem Feld bei Wiesental und gingen dann auseinander. Die Bauern des Hochstifts und der Markgrafschaft schienen einen Sieg ohne Kampf errungen zu haben.

*Unten links: Bauern auf dem Weg zum Markt (Kupferstich von Martin Schongauer, Ende 15. Jahrhundert).*

*Rechts: Kampf der Bauern gegen die Gewaltherrschaft (Holzschnitt des Petrarca-Meisters, 1519/1520).*

# Der Kraichgauer Haufen unter Anton Eisenhut

Der einzige Bauernhaufen, der ausschließlich im Kraichgau agierte, war der Kraichgauer Haufen; gelegentlich auch Eppinger Haufen oder der „helle Haufen“ genannt. Er bildete sich, als andere Haufen bereits dabei waren, sich wieder aufzulösen. Warum vorher im Zentrum des Kraichgaus keine die ganze oder wenigstens den Kernraum der Landschaft erfassende Aufstandsbewegung zustande kam, hängt wohl damit zusammen, dass gerade das Zentrum und der östliche Teil territorial stark zersplittert waren und ein großer Teil der Dörfer im Besitz reichsritterschaftlicher Familien war. Als im April an den Rändern des Kraichgaus, nämlich im Südosten im Heilbronner Raum, im Süden im Zabergäu, im Westen in der Markgrafschaft Baden und dem Hochstift Speyer, Aufstände losbrachen, erhielten diese auch Zulauf von den Bauern aus dem Kraichgau. Sie richteten sich gegen die großen geistlichen und weltlichen Fürstentümer und gegen Klöster, und diese lagen am Rande des Kraichgaus oder ganz außerhalb. Diese Aufstände banden so viel revolutionäre Energien, dass sie in der Anfangsphase die Bildung eines eigenen Haufens im Kraichgau verhinderte.

Die Initiative zur Bildung des Kraichgauer Haufens erfolgte von außen. Sie ist eng mit dem Namen Anton Eisenhuts verknüpft. Obwohl Eisenhut in der überregionalen Literatur gelegentlich als Sozialrevolutionär bezeichnet und mit Thomas Münzer, dem bedeutendsten Ideologen des Bauernkrieges, verglichen wird, ergeben die zeitgenössischen Quellen nur ein sehr bruchstückhaftes Bild von ihm. Über seine Herkunft wissen wir nichts. Nach Zimmermann, dem Verfasser der ersten großen Darstellung des Bauernkrieges, und Feigenbutz stammte er aus dem Schwäbischen, aus der Gegend von Stuttgart. Gesichert ist nur, dass er in Weiler an der Zaber als Pfarrer wirkte, bevor er in Eppingen tätig wurde. Wann er nach Weiler kam ist ebenso unbekannt wie die Umstände und der genaue Zeitpunkt seines Erscheinens in Eppingen. Wir können darüber nur Vermutungen anstellen. Ähnliches gilt auch für seine Stellung. Jedenfalls ist er wahrscheinlich kurz vor dem Bauernkrieg in Eppingen „Pfaffe“ gewesen. Ob er lutherischer Pfarrer, katholischer Priester bzw. Kaplan oder lediglich ein Prediger war, wird sich mit Hilfe des bislang vorhandenen, recht geringen und widersprüchlichen Quellenmaterials wohl kaum mehr eindeutig feststellen lassen.

Als ziemlich sicher darf man aber annehmen, dass Eisenhut schon in seiner Zeit als speyerischer Pfarrherr

*Sturm auf ein Schloss (Holzschnitt des Petrarca-Meisters, 1519/20).*

*Bauern (Kupferstiche vonHans Sebald Beham, 1542).*

*Ein Vertreter der organisierten Bauern zieht als Werber durchs Land (Titelholzschnitt einer Flugschrift, 1524).*

in Weiler mit reformatorischem Gedankengut vertraut wurde. In den umliegenden Orten hatte die Reformation relativ früh Fuß gefasst. Im Jahre 1520 bereits predigte im nahen Brackenheim Konrad Sam in lutherischem Sinn. Von 1522 an führte Wilhelm von Sternenfels die Reformation in den Dörfern seiner Herrschaft ein. Und von Bernhard Göler von Ravensburg ist bezeugt, dass er 1518 Luther in Heidelberg gehört hat. 1522 hielt Pfarrer Gallus in seinem Dorf Sulzfeld die ersten lutherischen Gottesdienste.

Als Dorfgeistlicher hat Eisenhut die Not der Bauern gekannt. Wie viele seiner Kollegen trat er auf dem Höhepunkt des Aufstandes auf die Seite der Bauern, um ihrem Anliegen zu einem guten Ende zu verhelfen. Vermutlich um den 20. April 1525 schloss er sich dem Zabergäuhaufen unter Hans Wunderer aus Pfaffenhofen an und zog dann nach dessen Vereinigung am 22. April mit dem Wunnensteiner Haufen unter der Führung des Gastwirts Matern Feuerbacher aus Bottwar nach Degerloch. Dort hat er noch bis zum 5. Mai als Rat und Unterführer Matern Feuerbachers gedient, Feldgottesdienste gehalten und Vermittlerdienste zwischen den meuternden Bauern und ihren Führern geleistet.

Angesichts der drohenden Gefahr, die von den nahenden Truppen des Heeres des Schwäbischen Bundes unter Jörg Truchseß von Waldburg ausging, schickten die Führer des württembergischen Haufens Eisenhut in den Kraichgau zurück, um dort den Aufstand der Bauern neu zu entfachen. In der nahen Markgrafschaft Durlach und im Bruhrein waren die Bauernheere gerade dabei, sich wieder aufzulösen, nachdem sich der Markgraf und der Bischof von Speyer zu Zugeständnissen bereit erklärt hatten.

Von Eppingen aus hatte Eisenhut wohl den Aufruf verfasst, den er in den umliegenden Dörfern bekannt geben ließ. Er lautet: „Gedult und demutige Bestendigkeit unsers Seligmachers wünschen wir auch in allen anliegenden Nötten, zuvoran, liebe Bruder in Christo. Ir wissent, das wir schwerlich hinder unser Herschaft und den Amtleuten gesessen seind, desgleichen bey Mönchen und Pfaffen. Doch ists zum letzsten Tag komen ir Hendel, die sie gepraucht haben, das sey Got gelobt. Herumb so mane ich euch uffs allerhöchste, das ir uff Stund an mit allen ewern Mitbrudern alhie zu Gochsheym erscheinen wollent mitsampt einem Wagen, damit das Evangelium und die Gerechtigkeit ein Furgang uberkom. So ir nit können werdent, so wil ich mit meinen Mitbrudern bey euch erscheinen, das sollent ir euch gegen mir tröstlich versehen. Anthonius Eysenhut, Hauptman."

Peter Harer, der uns den Aufruf überliefert hat, urteilt nicht zu Unrecht über ihn, er sei „mit mehrer Gift dann beynahe aller anderer Heufen Ausschreiben gespickt" gewesen. Denn der Aufruf lässt deutlich erkennen, dass Eisenhut tief vom Hass gegen den Adel und die Geistlichkeit beseelt war. Mit ihnen wollte er abrechnen. Diese Absicht wird auch in einer Botschaft bestätigt, die Kurfürst Ludwig von der Pfalz an das Domkapitel zu Speyer durch Wolf von Dürn übermitteln ließ. Dort heißt es, Eisenhuts Absicht sei, den Adel und die Geistlichkeit „auszureuten".

Ähnlich äußert sich auch Ulrich Bertsch aus Menzingen, ein Mitglied seines Haufens, später bei seinem Verhör: „Der Eysenhut hab zu allen gesagt, die Edelleut und Reutter sein Ir aller feindt, daruff hab er so ernstlich mit und gegen den Reutter gehandelt und darneben sich lassen hören, wan er unnser eins diener wer, so wollt er sein feindt auch nit Sparren".

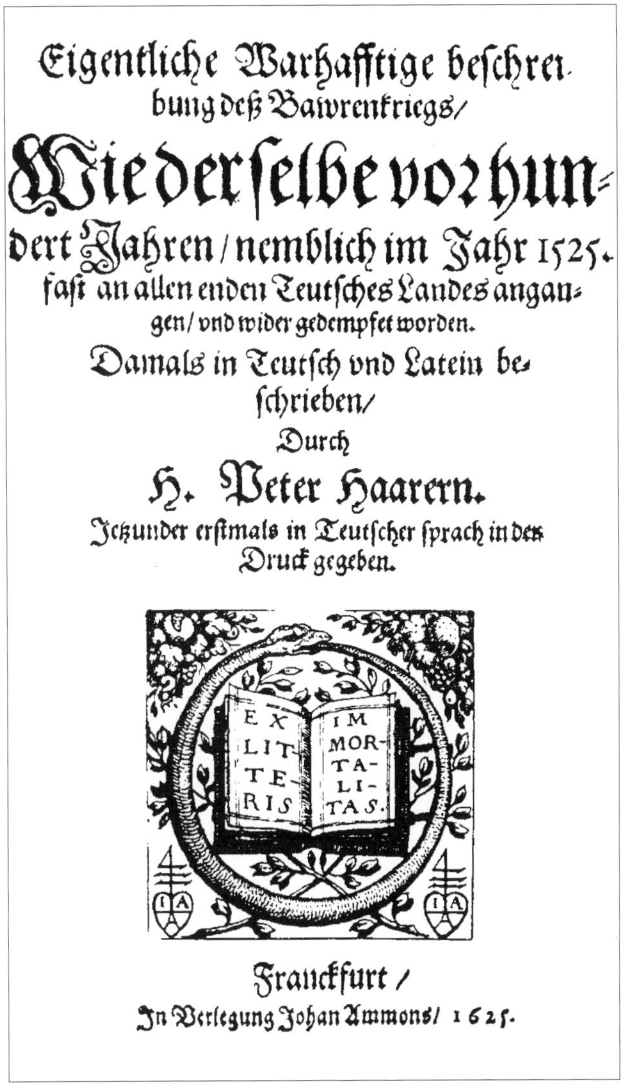

Eigentliche Warhafftige beschrei-
bung deß Bawrenkriegs/
Wie derselbe vor hun-
dert Jahren/ nemblich im Jahr 1525.
fast an allen enden Teutsches Landes angan-
gen/ vnd wider gedempfet worden.
Damals in Teutsch vnd Latein be-
schrieben/
Durch
H. Peter Haarern.
Jetzunder erstmals in Teutscher sprach in den
Druck gegeben.



Franckfurt/
In Verlegung Johan Ammons/ 1625.

**Peter Harer – ein pfälzischer Chronist des Bauernkriegs**

Eine der umfassendsten zeitgenössischen Darstellungen des Bauernkriegs ist die „Eigentliche Warhafftige beschreibung deß Bawrenkriegs..." des kurpfälzischen Kanzleischreibers und späteren Kanzleisekretärs Peter Ha(a)rer. Sie zeichnet den Gesamtverlauf des Bauernkriegs 1525 nach, wobei die Ereignisse in der Kurpfalz besonders berücksichtigt werden. Wie die anderen überlieferten zeitgenössischen Chroniken schildert auch die Harers die Ereignisse aus der Sicht der Herrschenden und begnügt sich weitgehend mit der Darstellung des äußeren Ablaufs der Geschehnisse. Über die Gründe des bäuerlichen Aufruhrs, die Hoffnungen und Ziele der Bauern, die sich an der Erhebung beteiligten, erfährt man kaum etwas. Für Harer sind die aufständischen Bauern Bösewichter und untreue Untertanen. Er bezeichnet sie „ganz verblendt", in seinen Augen begingen sie „onchristliche, unerbare, freventliche, mutwillige (und) eydbrüchige" Taten. Harer zeigt deshalb auch kein Mitgefühl mit den gefallenen oder hingerichteten Bauern, während er für die Opfer der Mordtaten der Bauern tiefe Trauer empfindet. Harer kennt mit Sicherheit die Ereignisse während des Strafzugs Kurfürst Ludwigs V. gegen die Bauern aus eigenem Miterleben. So schreibet er, er habe „die Dinge zum Teil gesehen, zum Teil gehört". Als Sekretär der kurfürstlichen Kanzlei hatte er Einsicht in die Korrespondenz des Kurfürsten mit den Bauern sowie in die Berichte und die Abmachungen. In Bezug auf die Orte, Daten und Ereignisse ist der Quellenwert dieser Chronik hoch einzuschätzen.

Im 19. Jahrhundert entfachten linksgerichtete Historiker wie Friedrich Engels oder Liberale wie Wilhelm Zimmermann eine neue Diskussion über den Bauernkrieg, indem sie dem von der etablierten Geschichtswissenschaft gebotenen Bild des Bauernkriegs ein radikal entgegengesetztes gegenüberstellte. Dies führte zu einer intensiven Beschäftigung mit einer anderen Art von Quelle wie z. B.: von Berichten, Beschwerden und Programmen, die zum großen Teil auch in Quellensammlungen veröffentlicht wurden.

Peter Harer heiratete um 1530 die 1506 geborene Schwester Melanchthons, Margarete, die in erster Ehe mit dem aus Neumarkt stammenden Kanzleiverwalter und kurpfälzischen Sekretär Andreas Stuchs verheiratet war. Auch für Harer war dies die zweite Ehe, in die er einen gleichnamigen Sohn brachte. Für seine Verdienste erhielt er für sich und seine Erben vom Kurfürsten einen Wappenbrief. Um 1555 ist Harer vermutlich gestorben.

Kein Haufe der Nachbarschaft hatte so weit reichende Forderungen erhoben wie der Eisenhuts. Während es den Württembergern vor allem um die Aufrechterhaltung der alten Ordnung und den Bruhrainern nur um die Beseitigung der geistlichen Herrschaft ging, beide also an der Stellung des Landesfürstentums nicht rütteln wollten, lehnte Eisenhut es ab, weiterhin den geistlichen und weltlichen Grundherren Abgaben zu geben und Frondienste zu leisten. Die Klöster wollte er aufheben und den Fürsten und dem Adel die Regierung nehmen. Fortan sollte das weltliche Regiment allein von der Bauernschaft besetzt sein.

Dieses religiös und sozial motivierte radikale Ziel, eine Bauernrepublik zu gründen und die Herrschaft des „gemeinen Mannes" zu errichten, ähnelt auffallend den Forderungen der thüringischen und der Schwarzwälder Bauern, die beide von dem radikalen Theologen Thomas Münzer beeinflusst waren. Bekanntlich hielt sich Münzer, nachdem er aus Mühlhausen (Thüringen) ausgewiesen worden war, zu Beginn des Jahres 1525 für einige Wochen bei den Bauern im Hegau und Klettgau auf, wo er deren Aufstand nachweislich unterstützte und für seine Ziele warb. Eisenhut hat sicherlich von dem unter Münzers

*Oben links: Titelbild von Peter Ha(a)rers Chronik des Bauernkriegs „Eigentliche Wahrhafftige beschreibung deß Baurenkrieges..." (Frankfurt/M. 1625).*

*Gochsheim, Residenzstädtchen der Grafen Eberstein, war Sammelplatz des Kraichgauer Haufens (Einblattdruck, 1622/23).*

Einfluss verfassten radikalen Artikelbrief der Schwarzwälder Bauern und dem Verfassungsentwurf des Täuferführers Balthasar Hubmaier aus Waldshut, der ebenfalls von Münzers Idee einer gottgewollten Übernahme der Gewalt durch das Volk geprägt ist, Kenntnis gehabt. Denn die Bauernheere standen untereinander in Verbindung.

Eisenhut war fest von der Notwendigkeit seines Unternehmens überzeugt und bereitete es daher mit großer Umsicht vor, wobei er von Jakob Weber aus Sulzfeld, der bereits bei der Erstürmung des Pfleghofs in Oberderdingen dabei war, unterstützt wurde. Er dachte an alles, auch an die Mitnahme von Wagen zum Transport der Verpflegung, aber auch der Verwundeten. So ernst war es ihm, dass er den Bauern sogar drohte, sie zu holen, wenn sie nicht freiwillig kämen.

Zum Versammlungsort der Bauern wählte er das Städtchen Gochsheim, das den Grafen von Eberstein als Lehen des Herzogs von Württemberg gehörte. Hier schien Eisenhut der Boden genügend vorbereitet zu sein. Aus dem Brief an Hans Wunderer, der mit ihm unter Feuerbacher in Degerloch diente, hatte er wohl erfahren, dass dort Pfarrer Wurm das Evangelium „dem Volk mit heller Wahrheit" predigte und der junge Graf Wilhelm für sich und seine Kinder am 28. April um Aufnahme in die Bruderschaft der Bauern nachgesucht hatte. Auch dadurch bot sich Gochsheim als sicheren Versammlungsort an, dass kein größeres Territorium angrenzte, sondern es nur von reichsritterschaftlichen Dörfern oder von Streubesitz der Klöster oder Fürstentümer umgeben war.

Tatsächlich gelang es Eisenhut binnen weniger Tage ein stattliches Heer von 1200 Mann zusammenzubringen, darunter auch Bauern aus dem Bruhrain und Württemberg. Am Abend des Sonntags Jubilate (7. Mai) machte sich der Bürgermeister des kurpfälzischen Städtchens Hilsbach, Christoph Haffner, mit 13 oder 14 Bauern seiner Gemeinde auf den Weg nach Gochsheim. Harer berichtet, er habe allen, denen er begegnet sei, das Gelübde abgezwungen, ein „christlicher Mitbruder" zu werden und sich den Bauern anzuschließen.

Aus dem Verhörprotokoll des Ulrich Bertsch aus Menzingen erfahren wir weitere Namen: Schweyzterlin aus Flehingen, Notta Bartel und Jakob N. aus Gochsheim, Jakob Wonder (Wunderer) aus Kürnbach, Peter Becker, Thenger (Antonius) Pfull, Gnippis oder Bernhard Zeys, dessen Bruder Philipp Zeys, Sander (Alexander) N., Thomas Becker und Panther Bartel aus Menzingen.

Die auffallend große Zahl von Menzinger Bauern, die Bertsch nennt, hängt nicht allein damit zusammen, dass er sie als seine Dorfgenossen besser gekannt hat. Die Menzinger Bauern führten schon im September 1524 wegen Waldstreitigkeiten und zu hoher Fronden bei Landgraf Philipp von Hessen Klage gegen ihren Grundherren Philipp von Mentzingen (s. o. S. 17 ff.), die aber immer wieder verschleppt und bis zum Beginn des Bauernkriegs nicht entschieden wurde.

*Rechts: Lagerleben (Holzschnitt in der Art des Hans Sebald Beham, 1500–1550).*

So ist es nicht verwunderlich, wenn sich Eisenhut mit seinen Leuten auch nach Menzingen wandte und sich ihr Zorn gegen die Grundherren hier am heftigsten entlud. Sie plünderten das Wasserschloss und brannten es nieder. Auch das Wasserschloss des Hans Hofwart im benachbarten Münzesheim nahmen sie ein und zerstörten es.

Ein Trupp von etwa 50 Aufständischen zog direkt von Gochsheim aus in der Nacht nach Heidelsheim. „Etwas vor der statt" ließen sie einen Trommler derart laut die Trommel schlagen, um der Bevölkerung vorzutäuschen, „als ob ein hauf dahinter wer", berichtet Schwarzerd. Sie drohten, falls die Bürger die Stadttore nicht freiwillig öffneten, sie sich mit Gewalt Zutritt verschaffen würden. Während eine Minderheit der Bürger bereit war, ihre Stadt zu verteidigen, entschied sich die Mehrheit dafür, sich kampflos den Bauern zu ergeben, die Tore zu öffnen und dem Kraichgauer Haufen Treue zu schwören.

Am folgenden Tag zogen der Eisenhut´sche Haufen von Menzingen aus „mit uffgereckten Fetzen gewaltiglich" nach Eppingen weiter, um den Rat der Stadt zu veranlassen, sich ihnen anzuschließen. Harer berichtet, dass sie hier „gleich on der Not uff schlechte Anforderung ingelassen" worden seien.

Nach einer Version, die quellenmäßig aber nicht belegt ist, habe Eisenhut vor dem Kleinbrückentor Einlass begehrt. Zusammen mit dem Bürgermeister Christoph Haffner aus Hilsbach und seinen Schwägern Balthasar Behringer und Martin Specht habe er die Stadt betreten, wo er den Vertretern der Stadt Eppingen, nämlich dem Stadtschultheißen Peter Erbermann, den Ratsherren Hans Diemar, Rüdiger Baumgartner, Gebhard Butz, Siegmund Klebsattel und Hans Rink sowie dem Schmied und Scharfrichter Rückert Hoenhild, im Rathaus seine Forderungen vorgetragen habe: Beitritt der Stadt zum Bund der Bauern, freier Durchmarsch durch die Stadt und Auf-

*Menzingen (Einblattdruck, 1622/1623).*

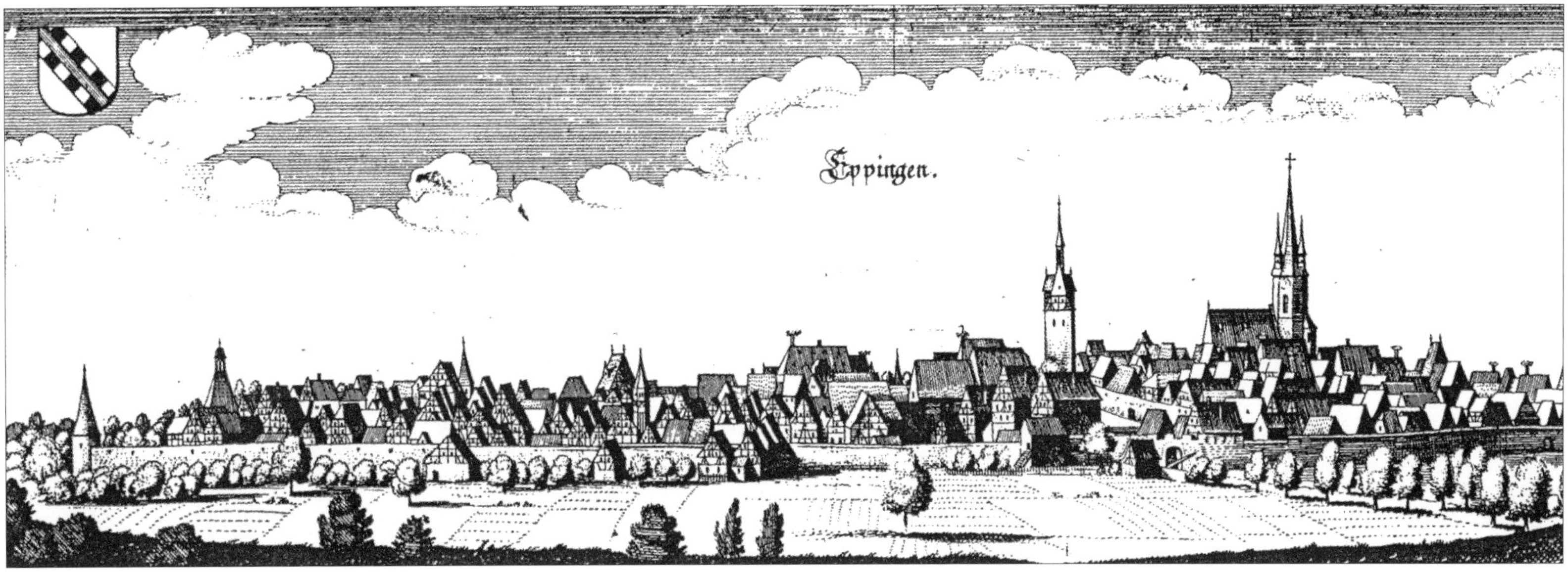


*Eppingen (Kupferstich von Matthäus Merian, 1645).*

*Oben links: Burg Steinsberg, der Kompass des Kraichgaus (Lithographie von Engelhorn nach Ring, 1829, Ausschnitt).*

*Rechts: Stift Sinsheim (Ausschnitt der Stadtansicht von Sinsheim, Kupferstich von Matthäus Merian um 1650).*

*Sturm auf ein Schloss (Holzschnitt aus Thomas Murners „Von den grossen Lutherischen Narren, Straßburg 1522).*

nahme von 100 Bauern als Besatzung. Erbermann sei es durch kluges Taktieren gelungen, einen Vergleich mit Eisenhut zu schließen und die Stadt vor Plünderung und Brandschatzung zu bewahren. Die Stadt lieferte den Bauern genügend Verpflegung, zahlte 2000 Gulden und überließ ihnen ihre fünf Geschütze und dazu je ein Fass Pulver, trat aber nicht auf ihre Seite.

Zwei Tage lang hätten die Bauern vor der Stadt auf den Wiesen vor dem Kleinbrückentor gelagert und seien am dritten Tag in aller Frühe geordnet durch die Stadt abmaschiert. Eine größere Anzahl von Eppinger Bürgern zog mit ihnen. In Hilsbach überfielen sie den pfälzischen Keller (Finanzamtmann) und plünderten die neugebaute kurfürstliche Kellerei sowie die Häuser der Adligen und Geistlichen. Auf dem Weg nach Sinsheim steckten Jakob Wonder von Kürnbach und Thomas Becker von Menzingen die Burg Steinsberg des Hans Hypolitus von Venningen in Brand und entfachten ein „Lustfeuerlin, das allenthalb in der ganzen Revir geringsumb scheinbar zu sehen was“.

Vom Steinsberg aus zog der Haufen, der noch mehr Zulauf erhielt, nach Sinsheim weiter. Ohne Widerstand öffnete die Stadt am 13. oder 14. Mai dem Bauernheer die Tore, denn die Bürger hatten nichts zu fürchten. Der Einfall galt nur den Stiftsherren, und auf diese waren die Sinsheimer nicht gut zu sprechen, gab es doch in der Vergangenheit immer wieder Streitigkeiten mit dem Stift, die vom kurpfälzischen Hofgericht meist zugunsten der Stiftsherren entschieden wurden. Deren Häuser plünderten und verwüsteten die Bauern, zerschlugen die Fenster und brachen sie zum Teil ganz ab. Auch in das Stift selbst drangen sie ein. Da in den Kellern des Stifts und der Stiftshäuser reichlich Proviant und Wein eingelagert war, blieben Eisenhut und seine Leute einige Tage in Sinsheim still liegen.

Während sich die bis hierher geschilderten Ereignisse auf Grund der vorhandenen Quellen einigermaßen sicher rekonstruieren lassen, gerät man bei der zeitlichen Einordnung anderer Aktionen Eisenhuts in Schwierigkeiten. Georg Schwarzerdt, der Bruder des Reformators Philipp Melanchthon, der später selbst als Stadtschultheiß und Keller eine führende Funktion in seiner Heimatstadt Bretten bekleidet hat, berichtet in seiner „Nachricht von dem Bauernaufruhr von anno 1514 bis 1526“, dass Eisenhut in der Nacht des Dienstags nach Quasimodo (= 25. April) Bretten habe überfallen wollen, um Bretten zum Anschluss zu zwingen und in den Besitz des dort im Schutz der Stadt liegenden Kaufmannszuges aus Oberdeutschland zu kommen.

Ende April, wie Schwarzerdt angibt, kann aber die Belagerung Brettens durch den Kraichgauer Haufen nicht stattgefunden haben; zu diesem Zeitpunkt befand sich Eisenhut nachweislich noch im Lager Degerloch. Schwarzerdt hat sich sicherlich im Datum geirrt. Denn er datiert die Bedrohung durch Eisenhut auf den gleichen Tag wie diejenige durch Rohrbach, schreibt aber gleichzeitig, dass Eisenhut von Gochsheim aus Bretten habe angreifen wollen. Obwohl Harer, der wichtigste Gewährsmann für Eisenhut, diesen Angriff nicht erwähnt, sondern seinen Haufen sofort über Menzingen nach Eppingen marschieren lässt, ist der Schilderung Schwarzerdts, abgesehen vom Datum, durchaus Glauben zu schenken. Demnach wäre Eisenhuts Angriff auf Bretten zwischen dem 7. Mai (Gochsheim) und dem 9. Mai (Menzingen) anzusetzen, also auf den Abend des 7. oder 8. Mai. Die Aussichtslosigkeit der Eroberung dieser gut befestigten Stadt veranlasste Eisenhut, sich zunächst anderen Zielen zuzuwenden.

Ähnlich wie Bretten gibt auch die Eroberung Heidelsheims bei der zeitlichen Einordnung Rätsel auf. Während Harer berichtet, Eisenhut sei von Eppingen aus nach Heidelsheim marschiert, lesen wir bei Schwarzerdt, dass nur etwa 50 Bauern am 9. Mai von Gochsheim aus Heidelsheim überfielen. Es ist daher anzunehmen, dass sich Eisenhuts Haufen, wie wir dies auch von anderen Bauernheeren wissen, für einzelne Aktionen teilte, um sich später wieder in Hilsbach zu vereinigen (12. Mai).

Demnach hätte dann der Teil des Haufens, der Heidelsheim eroberte, auch die zu verschiedenen Grundherrschaften gehörenden Dörfer des westlichen Kraichgaus in seine Gewalt gebracht und vermutlich auch das Schloss des Ritters Hans Hofwart bei Münzesheim eingenommen, während Eisenhut mit dem größeren Teil seines Haufens über Menzingen nach Eppingen und anschließend nach Hilsbach zog. Nur so lässt es sich erklären, dass es dem „hellen Haufen" gelingen konnte, in nur acht Tagen fast den ganzen Kraichgau von Heidelsheim bis Eppingen/Sinsheim in seine Hand zu bekommen. Dafür spricht auch die täglich mögliche Marschleistung des Heeres.

In nur wenigen Tagen hatte Eisenhut mit seinem Haufen den Kernraum des Kraichgaus in seine Gewalt gebracht und mit ihm auch die Städte Eppingen, Heidelsheim, Hilsbach und Sinsheim. Diese raschen Erfolge der Kraichgauer Bauern schreckten jetzt begreiflicherweise die Fürsten auf. Noch am 8. Mai hatte Kurfürst Ludwig V. von der Pfalz in einem Brief seinen Bruder Georg, den Bischof von Speyer, aufgefordert, nichts gegen die aufständischen Bauern in seinem Territorium zu unternehmen. Nun aber war der kurpfälzische und der speyerische Besitz ernsthaft bedroht, war es doch das nächste Ziel Eisenhuts, auch den Bruhrain zu gewinnen. In einem Brief teilte Eitelhans von Plieningen dem Heerführer des Schwäbischen Bundes, Georg Truchseß von Waldburg, mit, dass nach dessen Sieg über das württembergische Bauernheer bei Böblingen (12. Mai) sich Reste dieses Heeres bei Eppingen wieder versammelten, um sich Eisenhut anzuschließen.

Auch nach Heidelberg drang diese Nachricht. Eppingen, Hilsbach und Sinsheim waren pfälzische Städte. Jetzt bestand die Gefahr, dass sich die Unruhe über Sinsheim hinaus im ganzen Elsenztal, in dem es bisher ruhig war, ausbreitete. Die veränderte Lage zwang den Kurfürsten zum schnellen Handeln. Er versuchte es mit der gleichen Taktik, mit der es bereits dem Markgrafen von Baden-Durlach und Bischof Georg von Speyer Anfang Mai gelungen war, die Bauern ihres Territoriums zum Stillhalten zu bewegen.

Während Eisenhut mit seinem Haufen in Sinsheim lag, richtete er an diesen einen Brief, in dem er ihm anbot, einige seiner Räte an einem von den Bauern zu benennenden Ort zu schicken und deren Beschwerden entgegenzunehmen. Eisenhut und Thomas Reuß, die beiden Hauptleute, nahmen das Angebot an und schlugen vor, sich am Montag (15. Mai) in Hilsbach mit den kurfürstlichen Gesandten treffen zu wollen, stellten aber die Bedingung, dass der Kurfürst nicht mehr als 10 Pferde, d. h. Gesandte einschließlich deren Begleitung, schicken dürfe.

Kurfürst Ludwig bestimmte Graf Philipp von Nassau zu seinem Unterhändler. Dieser nahm, wie verabredet, die Beschwerden und Vorstellungen der Bauern entgegen. Eisenhut erklärte sich sogar dazu bereit, die Waffen niederzulegen und seine Bauern nach Hause zu entlassen, wenn der Kurfürst seinerseits die aufständischen Bauern schone und einen Landtag zur Abstellung der

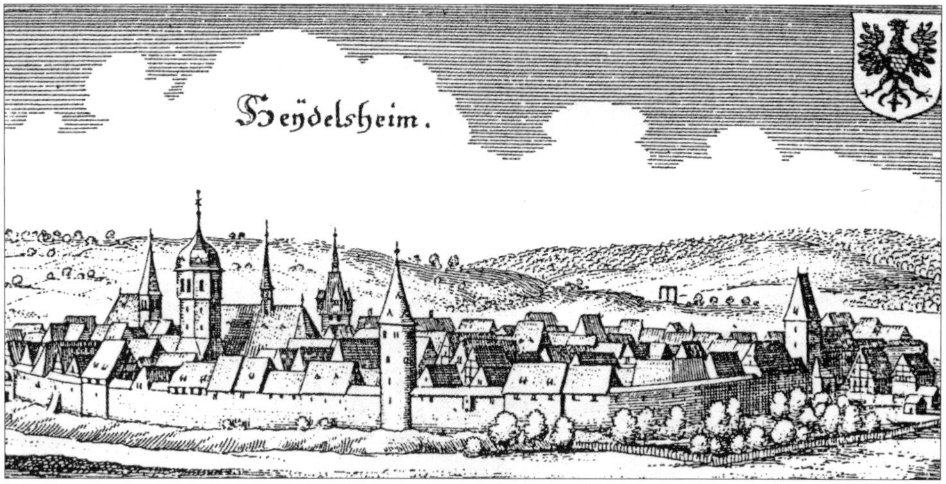


*Heidelsheim (Kupferstich von Matthäus Merian, 1645).*

*Hilsbach. Die Stadt war seit 1521 Sitz einer Amtskellerei des kurpfälzischen Oberamtes Mosbach und bis 1803 Verwaltungsmittelpunkt der kurpfälzischen Orte im Elsenzgau. Zahlreiche Adlige hatten in Hilsbach als Lehensträger der Kurpfalz feste Häuser, ebenso der Deutsche Ritterorden (Einblattdruck, 1622/23).*

## Anton Eisenhut – ein Pfarrer als Bauernheerführer

Über seine Herkunft ist nichts bekannt. Zimmermann und Feigenbutz vermuten, dass er aus dem Stuttgarter Raum stammt. Sein Name erscheint auch in keinen Universitätsmatrikeln. Gesichert ist nur, dass er bis etwa 1522 in Weiler an der Zaber Pfarrer war und wahrscheinlich, weil er dort evangelisch predigte, im Zusammenhang mit der Ausweisung evangelischer Pfarrer aus Württemberg durch Erzherzog Ferdinand von Österreich nach Eppingen kam und dort eine der 10 Kaplaneien bekam. Harer schreibt, er sei in Eppingen „bepfrundt gewesen“. Möglicherweise predigte er auch in Eppingen bereits evangelisch, wie z. B. Griebler in Gemmingen und Gallus in Sulzfeld.

Zeitgenössische Chroniken zeichnen ein sehr negatives Bild von seinem Wirken im Bauernkrieg. Harer nennt ihn einen „leichtfertigen Pfaffen“, seine Aufrufe seien „mit mehrer Gift dann beynahe aller anderer Heufen Ausschreiben gespickt“. Die im Auftrag Bischof Georgs von Speyer erstellte Chronik des Bauernkriegs wirft ihm „unpriesterliches verhalten“ vor. Und Georg Schwarzerd bezeichnet ihn abwertend als “Pfaffen“. Moderne Bauernkriegshistoriker übernahmen dieses Bild. So heißt es bei Günter Franz: „Eisenhut war ... ein maßloser Eiferer. Maßlos war er in seinem Haß gegen Ritter und Pfaffen.... Wenige Haufen gingen so wüst vor wie der seine“.

Zu diesem Bild der Sieger passt allerdings nicht das Verhalten Eisenhuts bei den Verhandlungen mit den Gesandten Kurfürst Ludwigs V. in Hilsbach am 15. Mai 1525. Hier musste er die kurpfälzischen adligen Unterhändler vor seinen eigenen Leute schützen. Eisenhut löste, nachdem er die Zusicherung erhielt, dass der Kurfürst die aufständischen Bauern schone, wenn sie ihre Waffen niederlegten, sogar gegen den Willen eines Teils seiner Bauern den Haufen auf und begab sich im Vertrauen auf die Einhaltung der Vereinbarung nach Eppingen. Ludwig V. hielt sich jedoch nicht an diese Vereinbarung. Er übte grausame Rache an den Bauern. Auch Eisenhut ließ er im Bruchsaler Schlosshof mit anderen Rädelsführern hinrichten.

Ein Bild in der Dorfkirche in Weiler a. d. Z. nimmt vermutlich Bezug auf die Enthauptung Eisenhuts. Diese Kirche wurde nach einem Neuaufbau 1767 durch Johannes Stiegler aus Prag ausgemalt. Beim Aufstieg zur Kanzel ist rechts ein Bild von der Enthauptung von Johannes dem Täufer zu sehen, das allerdings nur der Prediger zu Gesicht bekommt. Auf dem Schriftband unter dem Bild steht: „Ein Lehrer muß die Wahrheit sagen, und sollt man ihm den Kopf abschlagen“.

*Oben rechts: Kurfürst Ludwig V. von der Pfalz, 1508–1544 (Kupferstich).*

Missstände einberufe. Die schleppende Verhandlungsführung Graf Philipps von Nassau erregte offenbar so sehr den Unwillen der Begleiter Eisenhuts, dass dieser es nicht verhindern konnte, dass sie trotz des von ihm zugesicherten freien Geleits den kurpfälzischen Gesandten mit „drutzigen Geperden, Worten und Werken“ begegneten. Ulrich Bertsch riss sogar Graf Philipp einen Ring von der Hand und drohte ihn samt seiner Genossen auf der Stelle zu erschießen oder zu erstechen. Die ganze Nacht hindurch wurden sie festgehalten und mussten um ihr Leben bangen.

Eisenhut zog sich nach Abschluss der Verhandlungen mit seinen Begleitern in das Bauernlager nach Sinsheim zurück. Hier musste er sich von Ulrich Bertsch den Vorwurf gefallen lassen, er sei mit den pfälzischen Gesandten zu schonend umgegangen. In dem Verhör, dem Bertsch sich im Januar 1526 in Hilsbach nach seiner Auslieferung an die Kurpfalz unterziehen musste, gab er zu, er habe zu Eisenhut gesagt: „Ir solt gemacht haben, des die Redt all sollten erstochen sein worden“. Darauf habe ihm dieser erwidert: „Hett der Deuffel zugeschlagen, wan ir schon sie erstochen hett“. Eisenhut war also davon überzeugt, dass durch ein solch gewalttätiges Vorgehen gegen die kurpfälzischen Gesandten sich die Lage der Bauern nur verschlechtert hätte. Außerdem wäre es ein Bruch der getroffenen Vereinbarungen gewesen.

Eisenhut, der bisher als radikaler Eiferer und als Verfechter einer Bauernrepublik in Erscheinung getreten war,

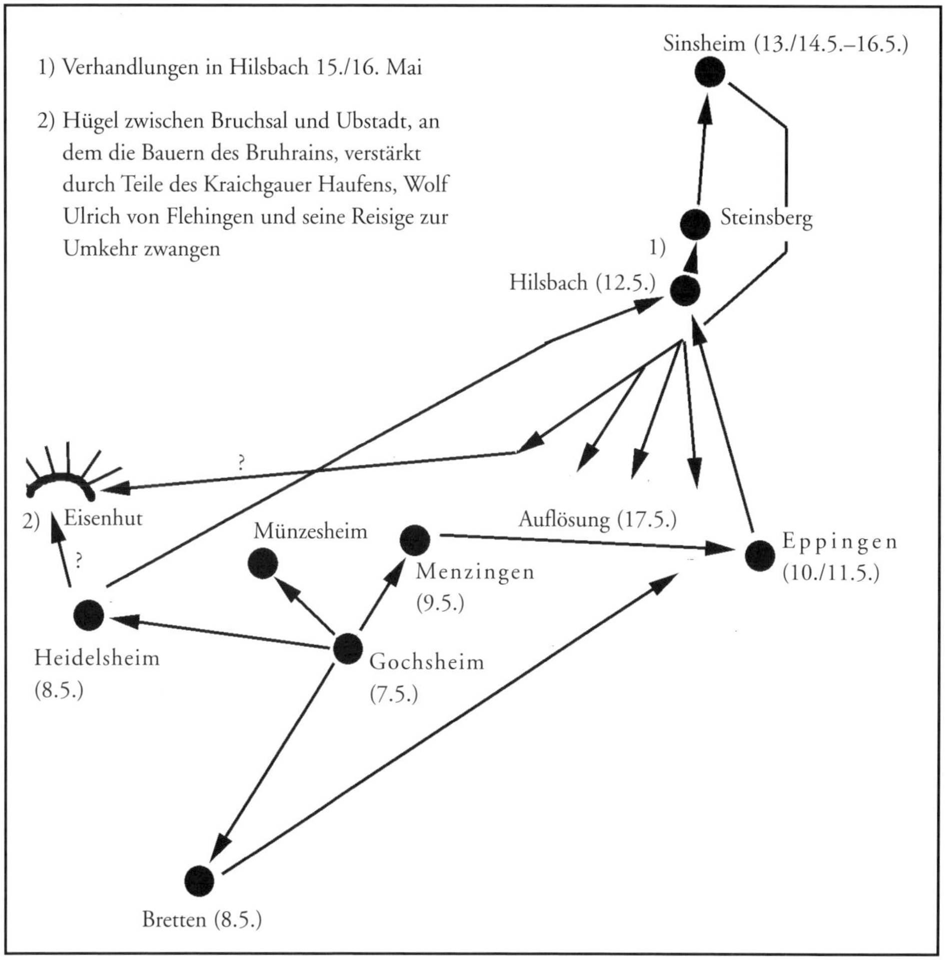


*Oben rechts: Zugskizze des Kraichgauer Haufens.*

*Oben links: Aufständischer Bauer (Holzschnitt aus Thomas Murners „Von dem grossen Lutherischen Narren", Straßburg 1522).*

zeigte sich beim Treffen in Hilsbach plötzlich kompromissbereit. Er schloss mit den Gesandten des Kurfürsten gegen den Willen seiner eigenen Leuten ein Stillhalteabkommen, was man nach seinem bisherigen Reden und Handeln nicht erwartet hätte. Was bewog ihn zu diesem Meinungsumschwung? Das Treffen in Hilsbach fand drei Tage nach der vernichtenden Niederlage der württembergischen Bauern, in deren Lager er selbst über eine Woche war, in der Schlacht bei Böblingen statt. Dies war Eisenhut sicherlich bekannt. Vermutlich hat er dadurch Zweifel bekommen, ob die Ziele, für die er sich eingesetzt hat, überhaupt noch angesichts der Übermacht der Truppen des Schwäbischen Bundes durchgesetzt werden konnten. Wahrscheinlich hat er sogar die Aussichtslosigkeit des Kampfes erkannt. Das Abkommen in Hilsbach wäre demnach als ein aus dieser Einsicht erwachsener Versuch Eisenhuts zu werten, die Bauern vor einer zu harten Strafe zu bewahren. Im Vertrauen auf die Zusage Kurfürst Ludwigs verließ Eisenhut mit seinem Haufen Sinsheim. In Hilsbach löste er sein Heer auf. Viele Bauern, die er seit dem 7. Mai unter seinem Befehl vereinigt hatte, wandten sich nun dem Bruhrain zu, um dort weiterzukämpfen, ohne dass er dies hätte verhindern können. Andere, wie der hitzige Ulrich Bertsch, zogen in württembergisches Gebiet, wo sie bei Lienzingen auf Überreste des vernichtend geschlagenen Württemberger Bauernheeres trafen. Eisenhut selbst begab sich mit drei Eppingern, darunter einem Pfarrer und einem Seiler, nach Eppingen, um dort die weitere Entwicklung abzuwarten.

So hat sich nach nur 10 Tagen der Kraichgauer Haufen wieder aufgelöst. Der Schaden, den er nach dieser kurzen Zeit hinterließ, war allerdings beträchtlich. Drei Burgen waren zerstört worden und dazu ein Stift verwüstet.

# Bretten im Bauernkrieg

Seit Mitte April lag in der kurpfälzischen Oberamtsstadt Bretten ein Kaufmannszug aus oberdeutschen Städten, der sich mit 22 Wagen voller kostbarer Waren im Wert von 200 000 Gulden auf der Rückreise von der Frankfurter Fastenmesse befand. Der Zug stand, solange er sich auf kurpfälzischem Boden befand, unter kurpfälzischem Geleitschutz, den der Hauptmann Hans von Stein-Kallenfels mit zehn berittenen Geleitsknechten im Auftrag des Kurfürsten ausübte. Da die Geleitsstrecke mitten durch die Gebiete des bäuerlichen Aufruhrs verlief, wandte sich Ludwig V. an seine Stadt Bretten mit der Bitte, den Kaufmannszug in ihren Mauern aufzunehmen und ihm Schutz zu gewähren. Die Kaufleute transportierten damals keine billige Masssenwaren über so weite Strecken, sondern nur hochwertige Güter wie Barchent, Leinwand, Gewürze und Metallwaren.

Dies blieb den Bauernhaufen der Umgebung nicht verborgen. Es ist durchaus verständlich, dass der große Wert der in Bretten befindlichen Kaufmannsgüter die Begehrlichkeit der Bauernhaufen weckte, zumal ja auch ihre eigenen Züge finanziert werden mussten. Alle Haufen in der Umgebung „umwarben" deshalb die Stadt Bretten.

Der vereinigte markgräflich-badische und die bruhrainischen Bauernhaufen schickten vom eroberten Kloster Herrenalb aus Drohbriefe nach Bretten, der Zabergäuer Haufen vom Kloster Maulbronn aus, die württembergischen Bauern versuchten es von Stuttgart aus. Sie alle drohten der Stadt Bretten, wenn sie nicht freiwillig die Kaufmannswagen ausliefere oder wenigstens ihnen die Tore öffne, damit sie sich die Güter selbst holen könnten, dass sie sich gewaltsam Zutritt verschaffen wollten. Auch der Kraichgauer Haufen Eisenhuts hatte versucht, mit einem Drohbrief Bretten einzuschüchtern und in den Besitz der Kaufmannsgüter zu gelangen.

Für die Stadt Bretten und ihre Bürger entstand dadurch eine schwierige Lage, die mehrere Wochen anhielt. Die Situation wurde dadurch verschärft, dass nicht, wie bei der Belagerung von 1504, ein erfahrener kraichgauischer Adliger als Amtmann an der Spitze stand, sondern ein bürgerlicher Amtsverweser, der gerade erst seinen Dienst angetreten und deswegen kaum Erfahrung besaß. Doch erhielten die Brettener Bürger Verstärkung durch die ganze wehrfähige Mannschaft von Rinklingen, die sich aus Treue zu ihrem Landesherrn Kurfürst Ludwig V. für die

*Bretten (Kupferstich von Matthäus Merian, 1645).*

*Vierspänniger Kaufmannswagen (Titelholzschnitt von Jörg Wickram „Das Rollwagenbüchlin", 1557).*

Verteidigung Brettens und gegen eine Beteiligung am Bauernkrieg entschied. Auch die Fuhrknechte der 32 Kaufmannswagen, die wehrfähigen Bürger und Bürgersöhne, die Dienstleute, ja selbst die Geistlichen und die ältesten Schüler der Lateinschule wurden verpflichtet, sich an der Stadtverteidigung zu beteiligen.

Außerdem wurde eine Ordnung erlassen, die die Besetzung der Geschütze, der Türme, der Mauern und der Tore regelte. Gute Schützen wurden auf die Türme postiert, militärisch Ausgebildete mit militärisch Unerfahrenen vermischt aufgestellt. Die Frauen wurden verpflichtet, das Herdfeuer nicht ausgehen zu lassen, um im Verteidigungsfalle schnell siedendes Wasser zu haben, das von den Mauern herab auf die Angreifer geschüttet werden konnte. Die Kaufmannswagen wurden geschlossen auf einem Platz zwischen Hof- und Stallhaus abgestellt, wo sie von den Fuhrknechten bewacht wurden. Als weitere Vorsichtsmaßnahme wurden in der Nacht im Feld Schildwachen aufgestellt und Schäferhunde außerhalb der Stadt angebunden, die beim Heranrücken des Feindes anschlagen und so die Bürger warnen sollten.

Als wenige Tage nach Ostern die Brettener Bürger von der Weinsberger Bluttat (16. April) hörten, befürchtete ein Teil von ihnen, dass ihnen ein ähnliches Schicksal widerfahren könne. Um sie zu beruhigen, beschloss der Stadtrat, weitere zwölf Personen aus der Gemeinde, vor allem die Wortführer der Gegner des Stadtrats, hinzu wählen zu lassen, um sie an den Beratungen zu beteiligen. Zur Beruhigung der Bürger ordnete man zudem an, auch tagsüber die Stadttore geschlossen zu halten und das Vieh nicht mehr auf die Weide zu treiben. Das Futter für das Vieh sollten die Frauen und Mägde vom Feld holen. Den Männern verbot man, die Stadt zu verlassen, damit keiner sich den Bauern anschließen könne.

Alle diese Vorsichtsmaßnahmen stellten eine erhebliche Einschränkung der Bewegungsfreiheit der Bürger dar. Klagen, besonders der Unterschichten, ließen deshalb nicht lange auf sich warten. Diese warfen dem Stadtrat vor, nur zum Schutz der Reichen in der Stadt „wie die münch in ein closter" eingesperrt zu sein, dass sie dadurch weder ihre Weinberge noch ihre Felder bewirtschaften könnten und sie auf diese Weise einen erheblichen Verdienstausfall hätten. Außerdem verwiesen einige Unzufriedene darauf, dass bei der Belagerung Brettens 1504 während der pfälzischen Fehde im Steinhaus eine öffentliche Küche eingerichtet worden sei, die kostenlos Verpflegung ausgegeben habe. Andere Unzufriedene, meint Schwarzerd, hätten sich gerne den aufständischen Bauern angeschlossen.

Mit der Dauer der Belagerung wuchs die Unzufriedenheit der ärmeren Bevölkerung, die dadurch noch gesteigert wurde, dass fast täglich Drohbriefe der Bauernhaufen der Umgebung eintrafen und auch bekannt wurde, wie die im Kloster Maulbronn liegenden Bauern die in den Kellern und Fruchtspeichern eingelagerten Vorräte verprassten. In dieser Situation versuchte der Kronenwirt Melchior Hechel, die Bürgerschaft zu besänftigen, indem er versprach, ein Ohm Wein (= etwa 100 Liter) Wein zu stiften. Andere schlossen sich an, so dass am Ende 350 Liter zur Verfügung standen. Nach langem Hin und Her entschied man sich, im Tanzsaal des Rathauses den Wein mit Brot auszugeben.

Am Abend des Tages, an dem das feucht-fröhliche Gelage stattfand, erhielt der Amtsverweser die Nachricht, der Kraichgauer Haufen unter Anton Eisenhut plane einen Angriff auf die Stadt. Da zu Beginn der Bauernunruhen mit der Bürgerschaft vereinbart worden war, ihr nichts Wichtiges vorzuenthalten, ließ er, gegen den Willen des Stadtrates, die Bürgerschaft zusammenläuten, um sie von dem bevorstehenden Angriff zu informieren. Was der Stadtrat befürchtet hatte, trat ein. Ein Teil der Bürgerschaft sprach sich dafür aus, nicht sofort auf die Bauern zu schießen, sondern mit ihnen zu verhandeln und sie dadurch von ihrem Vorhaben, die Stadt zu erobern,

*Rechts: Das Steinhaus, umrahmt von Stiftskirche und Pfeiferturm, war der Amtssitz des Fauts (=Vogts) des kurpfälzischen Oberamts Bretten (Ausschnitt aus der Ansicht Bretten, Kupferstich von Matthäus Merian, 1645).*

*Unten: Sechsspänniger Transportwagen der Kaufleute (Federzeichnung).*

abzuhalten. Dies aber lehnte der Amtsverweser entschieden ab. Er befürchtete, dass es dann der Stadt nicht anders wie den Weinsbergern ergehen werde. Als dann noch der Amtsverweser die Diskussion wegen der unüberbrückbaren Meinungsverschiedenheiten abbrach und sich in sein Haus zurückzog, erhob sich ein großer Tumult unter den Bürgern.

Von der Treppe des Rathauses herunter versuchte Kronenwirt Melchior Heckel lautstark die aufgebrachten Bürger zu beruhigen, indem er sie an ihre Pflichten gegenüber dem Kurfürsten, ihren Frauen und Kindern erinnerte, aber auch an die Strafen, die sie im Falle ihres Ungehorsams an Leib, Ehre und Gut zu erwarten hätten. Er machte ihnen klar, dass die aufständischen Bauern die Stadtmauern nicht übersteigen und dass sie auch sonst der Stadt keinerlei Schaden zufügen könnten, da sie keine Geschütze hätten. Wenn jemand Mangel an Nahrung habe, versicherte er, dann werde er jedem, der zu ihm

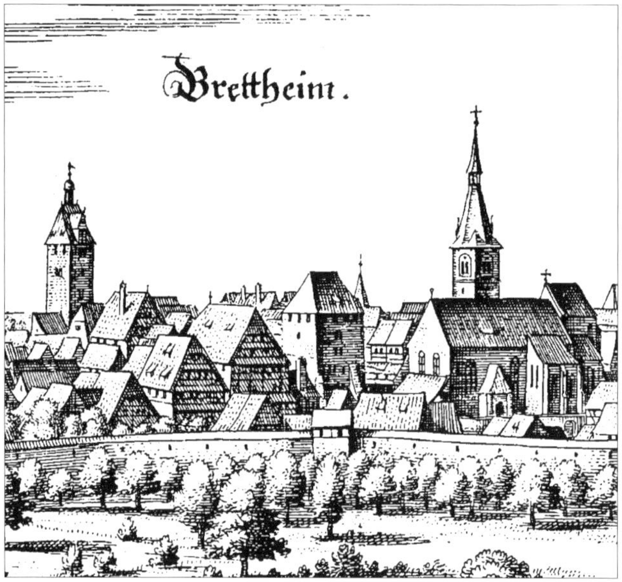

komme, solange Frucht, Wein und Geld reichen, solange seine Vorräte reichten. Mit diesem „harten Geschrei" brachte er die meisten Bürger wieder zur Ruhe, so dass sie an ihre Geschützstellungen zurückgingen.

In dem Maße, wie die Wirkung des auf dem Rathaus genossenen Alkohols nachließ, kehrte auch bei denen, die Melchior Heckel überzeugen konnte, die Vernunft wieder zurück. Der Ernüchterung folgte die Reue über die unbedachten Äußerungen. Im Bewusstsein, in der Nacht zuvor zu weit gegangen zu sein, waren die meisten in den darauf folgenden Tagen recht zurückhaltend und fügten sich auch den militärischen Anordnungen. Nur wenige von ihnen scheinen tatsächlich bereit gewesen zu sein, sich mit den aufständischen Bauern zu verbünden. Doch sie wagten es nicht, dies offen zuzugeben, weil sie wussten, dass sie bei der überwiegenden Mehrheit der Bürger kein Verständnis gefunden hätten.

Der Geleitshauptmann ritt mit zehn Reitern am nächsten Tag trotzdem nach Heidelberg, um am kurfürstlichen Hof Bericht über die Vorgänge zu erstatten. Dieser schickte 200 Söldner in Beleitung von Wolf Ulrich von Flehingen und einigen Reitern. Durch diese Maßnahme hoffte der Kurfürst nicht nur den Widerstandswillen der Brettener zu stärken, sonden auch mögliche weitere Unruhen unter der Bevölkerung zu verhindern und einen befürchteten Anschluss Brettens an die Bauern im Keim zu ersticken.

Den Söldnern gelang es beim Amtsverweser und beim Stadtrat eine Vereinbarung durchzusetzen, wonach künftig alle Entscheidungen gemeinsam getroffen werden sollten und auch kein Brief ohne sie geöffnet und beantwortet werde. Um dies sicherzustellen, wurden zwölf Vertreter aus ihrer Mitte gewählt, die gleichberechtigt zu allen Beratungen des Stadtrates hinzugezogen wurden. Die Wachposten an den Stadttoren und an der Stadtmauer wurden fortan nach einem festen Plan Tag und Nacht von der Bürgerschaft und den Söldnern gemeinsam besetzt.

Obwohl die Bauernhaufen der Umgebung weiterhin Briefe, Boten und auch Drohungen nach Bretten schickten, stießen sie dort kaum noch auf Widerhall. Erst als Nachrichten über Bauernerhebungen in der linksrheinischen Pfalz in der Umgebung von Neustadt an der Weinstraße und Deidesheim nach Bretten drangen und einige hörten, dass dort auch leicht reiche Beute zu machen sei,

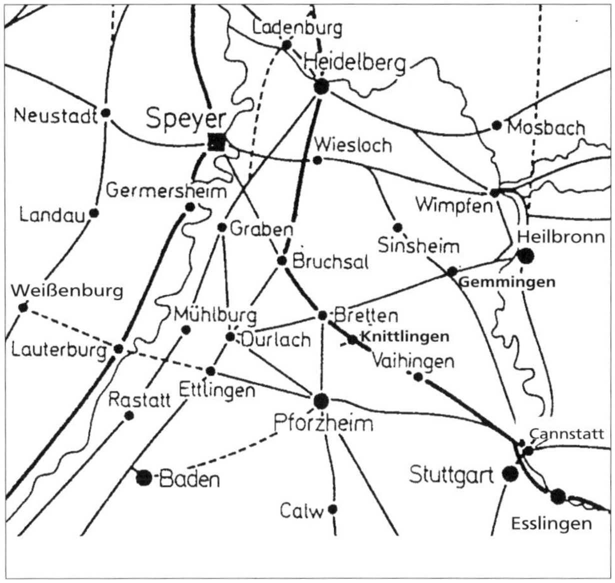


*Ausschnitt aus der Karte „Geleitstraßen um 1550“ (Beiheft zum Historischen Atlas von Baden-Württemberg Nr. X, 1, S. 9; bearb. von Meinrad Schaab).*

## Geleitwesen

Geleit ist ein mittelalterlicher Rechtsbegriff und bedeutet Schutz oder Frieden für sehr verschiedene Personengruppen wie z. B. vor Gericht Vorgeladene, Gesandte, kirchliche Würdenträger, Standespersonen, Pilger, aber auch Kaufleute auf ihrem Weg zur und von der Messe. Ursprünglich war es ein königliches Hoheitsrecht. 1220 und 1232 gestand Friedrich II. auch den Landesfürsten das Geleitregal zu. Geleitschutz wurde in der Regel als Privileg verliehen. Wer ihn verletzte, riskierte rechtliche Sanktionen. Für den Geleitschutz musste der Reisende seinem Geleitherrn ein besonderes Geleitgeld zahlen. Dafür erhielt er einen Geleitzettel (Taschengeleit), der schützende Wirkung hatte. Wenn trotz Geleitschutz Schäden auftraten, war der Geleitherr haftbar.

Das Geleit zum Gericht oder zum Besuch einer Handelsmesse war mit einem bestimmten Ziel verbunden. Deswegen wurde dem Reisenden festgelegte Wege als Geleitstraßen vorgeschrieben. Nur in besonderen Fällen, wie z. B. bei Fürsten oder bei Kaufmannszügen, die mit wertvollen Waren zu bestimmten Messeorten fuhren, wurde Geleitschutz mit bewaffneter Mannschaft gegeben. Diese Art von Geleitschutz hatte auch den Zweck, den Kaufmannszug an die richtige Zollstätte zu bringen. Zu wichtigen Messeterminen wurde auf den festgelegten Wegen mit größeren militärischen Mannschaften Begleitschutz ausgeübt. Neben dem Dienst auf der Straße wurden noch Streifen eingesetzt, die das umliegende Gelände durchkämmten, um mögliche Überfälle zu verhindern.

Für die Geleitsreiter waren die Geleitstrecken genau abgegrenzt. Häufig wurde das Geleit an einer Bachfurt übergeben. Dabei standen die Pferde beider Parteien mit den Vorderbeinen im Wasser. Damit wurde der Bach als tatsächliche Geleitsgrenze angedeutet. So bildete der Ellensbach an der alten Fernstraße zwischen Knittlingen und Bretten die Geleitgrenze zwischen Württemberg und der Kurpfalz. Der Name „Gleitsbrückle“ für die Brücke über den Ellensbach erinnert heute noch an diese ehemalige Geleitsgrenze.

Der Kraichgau weist als alte Durchgangslandschaft ein besonders dichtes Netz von Geleitsstraßen auf. Da das Geleitwesen von den Territorialfürsten auch dazu genutzt wurde, ihre Macht und ihre Einnahmen zu steigern, wechselten die Geleitstraßen mehrfach im Lauf der Zeit. So mussten die oberdeutschen Kaufleute auf ihrem Weg zur Frankfurter Messe bis Mitte des 15. Jahrhunderts die östliche Route über den Heuchelberg nehmen, auf der sich Pfalz-Mosbach und Württemberg das Geleit teilten. Zwischen Gemmingen, Richen und dem Streichenberg befand sich die Geleitgrenze. Danach konnte die Kurpfalz die mittlere Route durch den Kraichgau über das ihr gehörige Bretten durchsetzen, während die Markgrafschaft Baden bestrebt war, möglichst viele Kaufmannszüge durch ihr Territorium auf die Straße über Pforzheim nach Bruchsal oder später auch auf die Straße über Pforzheim und Durlach nach Graben zu lenken.

*Wirt empfängt Reisende: Landsknecht, Weinbauer, Pilger und Ritter. Im Hintergrund zeitgenössische Fuhrwerke (Holzschnitt von Erhard Schoen, um 1530).*

*Rechts: Bierbrauer (Holzschnitt aus Jost Amman „Das Ständebuch", 1568).*

äußerten einige Bürger aus Begehrlichkeit ihre Absicht, sich den linksrheinischen Bauern anzuschließen, konnten aber dann doch dazu überredet werden, zu Hause zu bleiben und ihre Pflichten bei der Verteidigung ihrer Stadt zu erfüllen.

Einem der berittenen pfälzischen Geleitsknechte, die dem oberdeutschen Kaufmannszug zum Schutz beigegeben worden sind, wurde die eigene Geldgier und Geltungssucht zum Verhängnis. Er stammte aus der Gegend von Heilbronn und kannte von daher Jäcklein Rohrbach, den aus Böckingen stammenden Anführer des in Maulbronn liegenden Bauernhaufens. Dieser Geleitsknecht, Wendel Arnold mit Namen, bot sich an, mit Jäcklein Rohrbach zu verhandeln, damit dieser Bretten künftig in Ruhe ließe. Der Amtsverweser und auch ein Teil der Bürger waren gegen dieses Gespräch und untersagten es. Trotzdem begab sich Wendel Arnold nach Maulbronn, verhandelte mit dem Bauernführer und verbrachte auch dort die Nacht. Von zwei Seiten erhielten die Brettener Bürger am nächsten Morgen die Nachricht, Wendel Arnold habe mit Jäcklein Rohrbach einen Anschlag auf die Stadt vorbereitet. Es hieß, dass er abends weggehen wolle unter dem Vorwand, dass er in seiner Eigenschaft als Amtsknecht erneut vom Kurfürsten entsandte Landsknechte in die Stadt zu geleiten habe, er aber am nächsten Morgen nicht mit den erwarteten Landsknechten er-

scheine, sondern an der Spitze des Bauernhaufens am Stadttor Einlass verlange. Die Bauern könnten dann ohne große Mühe die Brettener Bürger zum Anschluss zwin-

gen, und wer nicht dazu bereit wäre, den würden sie erstechen. Jäcklein Rohrbach habe, so wurde weiter gesagt, dem Amtsknecht für seine Hilfe einen der 32 Kaufmannswagen als Lohn versprochen.

Ob es sich nur um ein Gerücht gehandelt hat oder ob die beiden tatsächlich diesen Plan ausgehandelt haben, ist unklar und ist auch nicht mehr nachzuweisen. Jäcklein Rohrbach schickte jedenfalls an die Stadt einen Brief, in dem er mitteilte, dass der Amtsknecht Wendel Arnold in ihrem Namen verhandelt habe, und bat den Rat der Stadt, eine Abordnung zu schicken, um die Verhandlungen fortzuführen. Als dieser Brief im Stadtrat verlesen wurde, wollte keiner der Räte je einen solchen Auftrag erteilt haben. Doch auch Wendel Arnold bestritt, mit Jäcklein Rohrbach in diesem Sinne verhandelt zu haben.

Nun stand Aussage gegen Aussage, und um eine Lösung herbeizuführen, kam der Kriegsrat, der aus dem Stadtrat, dem Amtmann und einem Ausschuss der Landsknechte bestand, auf die Idee, die Vorgänge in einem Brief darzulegen und durch den des Verrats verdächtigten Amtsknecht selbst nach Heidelberg an den kurfürstlichen Hof bringen zu lassen. Der Amtsknecht sträubte sich anfangs, weil er vielleicht Unheil ahnte, brachte aber dennoch den Brief ins Heidelberger Schloss, vielleicht auch

### Georg Schwarzerd – der Chronist Brettens zur Zeit des Bauernkriegs

Georg Schwarzerds Bedeutung erschöpft sich nicht darin, dass er der jüngere Bruder des nach Luther bedeutendsten Reformators Philipp Melanchthons war. Als Chronist der Brettener Geschichte in der ersten Hälfte des 16. Jahrhunderts hinterließ er mit seiner „Erzählung der Belagerung der Stadt Bretten 1504", der „Nachricht von dem Bauernaufruhr von anno 1514–1526" und der"Brettener Reimchronik 1536–1561" drei Werke, in denen er die wechselhafte und aufgeregte Zeit seiner Heimatstadt als Augenzeuge schildert.

Geboren um 1500/1501, erhielt er Hausunterricht und besuchte nach dem Tod von Vater und Großvater die Lateinschule in Pforzheim und ab 1514 die Universität Tübingen, wo sein Bruder Philipp gerade den Magistergrad erworben hatte. Bereits vor 1518 kehrte Georg Schwarzerd nach Bretten zurück, um das Anwesen und das Textilgeschäft seines Großvaters Hans Reuter zu übernehmen. 1518/1519 heiratete er das Nachbarskind Anna, die einzige Tochter des Kronenwirts Melchior Hechel, des damals reichsten Brettener Bürgers, mit der er in 24-jähriger Ehe 13 Kinder hatte.

Wie schon sein Großvater besuchte auch er regelmäßig die Frankfurter Messe. Da das Textilgeschäft ihm keinen besonderen Reichtum einbrachte, betrieb er noch nebenbei Landwirtschaft und besaß in den Erdgeschosslauben des Rathauses acht der 24 Metzgerbänke, die er an Brettener Metzger verpachtete. Weitaus größere Bedeutung hatte Georg Schwarzerd als einflussreicher Ratsherr und kurpfälzischer Beamter in seiner Heimatstadt. Wahrscheinlich war er bereits 1525 bei der Belagerung Brettens durch die Bauern Ratsmitglied. 1546 ernannte ihn Kurfürst Friedrich II. zum Stadtschultheißen und Keller. Als solcher war er Leiter der Stadtverwaltung, oberster Finanzbeamter der Stadt und Vorsitzender des Stadtgerichts sowie gleichzeitig Stellvertreter des Vogts des Oberamtes bis zu seinem Rückzug ins Privatleben 1562/63.

Georg Schwarzerds „Nachricht von dem Bauernaufruhr von anno 1514 biß 1526" ist nur als Handschrift überliefert. Sie wurde erst 1879 entdeckt und erstmals veröffentlicht. Der besondere Wert dieser von den Historikern wenig beachteten Chronik liegt vor allem darin, dass sie wie keine andere Quelle die inneren Zustände und Vorgänge in einer pfälzischen Stadt, die Stimmung der Bevölkerung wie auch die der Besatzung während der Belagerung genau beschreibt und dass Schwarzerd die von ihm geschilderten Ereignisse sowohl als Augenzeuge als auch als Mithandelnder erlebte.

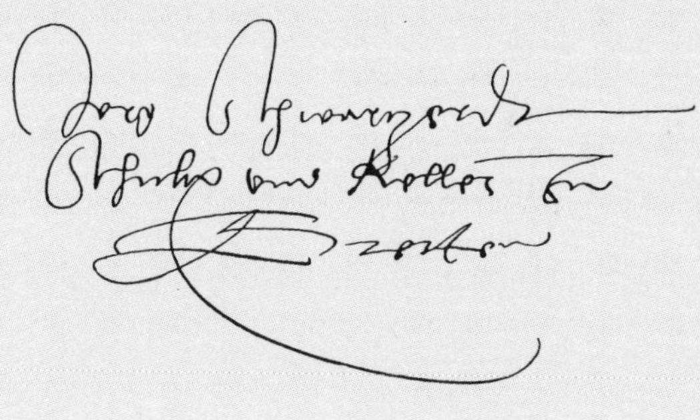

*Oben links: Wappenscheibe in der Stiftskirche in Bretten mit der Inschrift „JORG SCHWARZERDT - DER - JVNER, 1553".*

*Links: Eigenhändige Unterschrift „Georg Schwarzerdt, Schultheiß und Keller zu Bretten" (23. Oktober 1548).*

*Oben: Ritter und Reisige (Holzschnitt von Hans Tirol, 1530).*

*Rechts: Schmied (Holzschnitt aus Jost Amman „Das Ständebuch“, 1568).*

in der Hoffnung, sich selbst vor dem Kurfürsten verantworten zu können. Er hoffte jedoch vergebens. Als er den Schlosshof betrat, traf er dort auf den Kurfürsten, der viele Adlige um sich versammelt hatte. In deren Beisein ließ sich der Kurfürst den Brief vorlesen, und als er den Inhalt vernommen hatte, befahl er, das Tor zu schließen, Wendel Arnold gefangen zu nehmen und in das Gefängnis im alten Schloss zu bringen. Nach dem Ende des Bauernkrieges wurde er zusammen mit weiteren fünf Gefangenen, darunter auch der Bruchsaler Bürger Hans von Hall, einer der beiden Hauptleute des Bruhrainer Haufens, auf dem Marktplatz in Heidelberg öffentlich enthauptet.

Die Befürchtung, dass seine Amtstadt doch noch durch einen der Bauernhaufen erobert werden und dadurch auch die Wagen des Kaufmannszuges in ihre Hände fallen könnte, veranlasste Kurfürst Ludwig V., ein weiteres Fähnlein Landsknechte nach Bretten zu entsenden. Sie wurden von 24 Reitern unter dem Kommando von Wolf Ulrich von Flehingen begleitet. Als die Bruhrainischen Bauern davon erfuhren, versammelten sie sich mit etwa 3000 Mann bei Unteröwisheim, um ihnen den Weitermarsch nach Bretten zu versperren. Während Wolf Ulrich von Flehingen durchaus bereit war, den Weitermarsch trotz der Übermacht der Bauern zu erkämpfen,

**Der Schmidt.**

Ich Huffschmidt kā die pferd beschlagn/
Darzu die Räder / Karn vnd Wagn/
Schwäntzen vnd Lassen ich wol kan/
Den Pferden / die auch Schäden han/
Ich kan heyln / Retzen vnd Reiden/
Den Feyfel vnd die Angstel schneidn/
Zu den Ciclopen trag ich Gunst/
Die erfunden deß Schmidwercks Kunst.

weigerten sich die Landsknechte mit der Begründung, sie hätten nur den Befehl, sich nach Bretten zu begeben und dort die Besatzung zu verstärken, keinesfalls aber sich mit den Bauern unterwegs zu schlagen. Wenn die Bauern sie nicht durchließen, wollten sie nach Heidelberg zurückkehren. In den Verhandlungen mit den Bauern erreichte Wolf Ulrich von Flehingen, dass die Landsknechte gegen das Versprechen, auch in Zukunft nichts gegen die Bauern zu unternehmen, nach Heidelberg zurückkehren konnten.

*Links: Maurer und Steinmetzen bei der Arbeit (Holzschnitt des Petrarca-Meisters, 1519/1520).*

*Unten: Bauer und Bäuerin auf dem Weg zum Markt (zwei Kupferstiche von Hans Sebald Beham, 1520).*

Der Hügel zwischen Bruchsal, Ubstadt und Unteröwisheim heißt heute Eisenhut, weil angeblich der Kraichgauer Bauernhaufen unter Eisenhut von ihm aus Wolf Ulrich von Flehingen und seinen Landsknechten den Weg versperrt hat. Dass auch Teile des Eisenhut'schen Haufens, die Heidelsheim erobert haben, daran beteiligt waren, ist sicherlich nicht auszuschließen. Doch im Wesentlichen waren es die Bruhrainer Bauern, wie auch Schwarzerd schreibt. Eisenhuts Kraichgauer Haufen hatte nie die Größe von 3000 Mann erreicht und hätte in der kurzen Zeit seines Bestehens neben der Zerstörung der Wasserburgen in Münzesheim und Menzingen und der Höhenburg Steinsberg, dem vergeblichen Angriff auf Bretten sowie der Eroberung der Städte Heidelsheim, Hilsbach, Eppingen und Sinsheim und des Stifts Sinsheim nicht auch noch den Landsknechtszug Wolf Ulrichs von Flehingen am Durchmarsch hindern können. Wenn der Volksmund den Hügel trotzdem nach Eisenhut benannte, dann hat dies sicherlich mit dem Ruf zu tun, den sich Eisenhut durch seine „Erfolge" erworben hat.

Auch ohne die Verstärkung war das Ende der inneren und äußeren Bedrohung Brettens Mitte Mai gekommen. Bereits am 26. April zog der in Maulbronn lagernde Zabergäuer Haufen in die Gegend von Stuttgart ab. Am 8. Mai lösten sich die Bauernhaufen der Markgrafschaft Baden und des Hochstifts Speyer auf und am 17. Mai der Kraichgauer Haufen Eisenhuts. Wenige Tage nach der Auflösung des markgräflichen und des bruhrainischen Haufens konnten auch die oberdeutschen Kaufleute ihre Fahrt fortsetzen. Am 16. Mai hatten sie die Reichsstadt Ulm erreicht.

Bretten nahm während des Bauernkrieges insofern eine Sonderstellung ein, dass es im Gegensatz zu fast allen Städten des Kraichgaus allen Angriffen der Bauern standhielt. Es bildete gleichsam eine Insel inmitten eines von den Bauern kontrollierten Gebiets.

# Bäuerliche Einzelaktionen im Kraichgau

In dem Dorf Michelfeld im Angelbachtal regte sich bereits um 1500 Unmut gegen den Ortsherrn Orendel von Gemmingen, weil dieser durch seinen Dienst an verschiedenen Fürstenhöfen nur selten zu Hause war. Da er sich deswegen um seine Güter im Ort nicht selbst kümmern konnte, setzte er einen Verwalter ein, der nach neuem römischen Recht verfuhr und schriftliche Eingaben der Bauern verlangte. Dies empfanden die Michelfelder Bauern als ungerecht, da sie nicht lesen und schreiben konnten. Zu Unruhen gegen die Ortsherren aber kam es erst während des Bauernkrieges. Als im Frühjahr 1525 die Nachricht von bäuerlichen Erhebungen im Bruhrain nach Michelfeld drangen, läuteten die Bauern die Sturmglocken. Auf der Kreuzstraße gab es einen großen Menschenauflauf, denn die Michelfelder Bauern wollten wissen, was der Grund für das Läuten war. Auch Weirich von Gemmingen trieb die Neugierde dorthin. Er fragte die Umstehenden, was das Läuten zu bedeuten habe. Da gab einer der Bauern zur Antwort: „Junker es geht über euch". Als daraufhin Weirich wissen wollte, was er ihnen denn getan habe, sagten die Bauern: „Nichts! Aber wir müssen es mit den anderen halten."

*Bauern mit Bundschuhfahne umringen einen Adligen (Holzschnitt des Petrarca-Meisters, 1519/1520).*

In Michelfeld selbst verursachten die Bauern keine Zerstörungen, und auch kein Einwohner kam zu Schaden. Das schließt allerdings nicht aus, dass der eine oder andere unzufriedene Bauer des Ortes sich einem der in der Nachbarschaft umherziehenden Haufen anschloss. Dass aus dem Massenauflauf nach dem Sturmläuten keine bäuerliche Aktion gegen den Grund- und Ortsherrn erwuchs, hängt sicherlich auch damit zusammen, dass Weirich von Gemmingen im Frühjahr 1525 die Reformation in Michelfeld einführte, womit er eine der bäuerlichen Forderungen, nämlich das Evangelium rein und lauter zu predigen, erfüllt hatte.

Auch in Neckarbischofsheim kam es 1525 zu einem Aufruhr gegen die Herren von Helmstatt, den Orts- und Grundherren dieses Städtchens. „Etlicher Irrungen halber" wurde bereits 1524 ein Vertrag abgeschlossen, um auf die Bevölkerung beruhigend einzuwirken. Dieser Vertrag ist nicht erhalten. Die Bürger mussten ihn nach dem Ende des Bauernkrieges wieder herausgeben und für nichtig erklären. Er wurde am 28. Juni 1525 durch einen zweiten Vertrag ersetzt, der die Rechte der Stadt und der Bürger gegenüber der Herrschaft neu regelte. Sicher ist jedenfalls, dass in dem Vertrag von 1524 den Bürgern Zugeständnisse gemacht wurden.

Unklar sind auch die Gründe, weshalb sich die Neckarbischofsheimer 1525 erhoben. War es der allgemeine Aufruhr von 1525, der sie angesteckt hat? Oder waren es die Erhebungen in der Nachbarschaft wie z. B. des Neckartaler-Odenwälder Haufens oder des Kraichgauer Haufens, die sie mitgerissen haben? Oder erschienen ihnen die Zugeständnisse des Jahres 1524 jetzt viel zu gering, nachdem in den Zwölf Artikeln, die sie sicher kannten, viel weiter gehende Forderungen gestellt worden waren? Hofften sie,

*Epitaph des Wolf von Gemmingen, aufgestellt im Schlossgarten in Gemmingen.*

### Wolf von Gemmingen stellt sich seinen Bauern entgegen

Als Anfang Mai des Jahres 1525 Anton Eisenhut mit einem Schreiben die Bauern in den Dörfern des Kraichgaus aufforderte, sich seinem in Gochsheim gebildeten Kraichgauer Haufen anzuschließen, rotteten sich auch die Gemminger Bauern zusammen, um der Aufforderung Eisenhuts Folge zu leisten. Nachdem dies dem Ortsherrn Wolf von Gemmingen zu Gehör gekommen war, trat er unerschrocken vor die versammelten Gemminger Bauern und rief ihnen zu: „Wer gut gemmingisch ist, der trete herüber zu mir!". Bis auf zwei traten alle Bauern auf seine Seite. Durch sein beherztes Auftreten konnte Wolf von Gemmingen auf diese Weise verhindern, dass seine Gemeinde sich dem Bauernaufstand anschloss.

Wolf von Gemmingen, der bereits 1521/22 in Gemmingen mit Hilfe seines Predigers Bernhard Griebler als einer der ersten Adligen des Kraichgaus evangelischen Gottesdienst halten ließ, war bei seinen Bauern sehr beliebt. Sie pflegten von ihm zu sagen: „Sein Hals ist krumm, aber sein Gemüt schlicht und gerade". Die gleiche Standhaftigkeit zeigte Wolf von Gemmingen gegenüber Kaiser Karl V. im Dezember 1546 in Heilbronn. Als dieser nach seinem Sieg über den Schmalkaldischen Bund ihn, wie auch die anderen evangelischen Standesherren, unter Androhung von Strafen aufforderte, dem evangelischen Glauben abzuschwören, antwortete er: „Es ist mir wohl herzlich leid, Ihro Kaiserlichen Majestät als meinem nächst Gott oberstes Haupt und Herrn zu betrüben oder etwas zuwider zu handeln, doch will ich solches eher tun, als Gott zu erzürnen und seine reine Lehre abzuschaffen".

dass ein erfolgreicher Aufstand ihnen weit mehr Rechte bringen würde? Man kann hier nur Vermutungen anstellen.

Aus den Bestimmungen des Vertrags von 1525 lassen sich die Vorgänge von 1525 teilweise erschließen. Die Rebellion brach vermutlich im Mai aus, als Eisenhuts Haufen bis in das nahe gelegene Sinsheim zog. Die Bischofsheimer waren gut ausgerüstet. Sie besaßen „Harnisch, Büchsen, Geschütz und Gewehr" und brachten daher das Städtchen schnell in ihre Hand. Die Herren von Helmstatt mussten sich hinter die Mauern ihrer Burg zurückziehen. Da die Zehntscheune und die Vorratskeller sich außerhalb der Burgmauer befanden, konnten sich die Bauern der Vorräte der Herrschaft, vor allem Frucht und Wein, bemächtigen und unter die Bevölkerung verteilen. Auch „der Pfaffheit zu Bischofshaim" wurden die eingelagerten Vorräte genommen. Allerdings kam es in Bischofsheim während der „baurischen Aufruhr" zu keinen bewaffneten Auseinandersetzungen mit der Herrschaft. Dies scheint auch nicht ihre Absicht gewesen zu sein. Sie wollten auf dem Verhandlungswege ihre Interessen und Ziele durchsetzen. Im Gegensatz zu dem Eisenhut'schen Haufen ging es ihnen nicht um die Beseitigung ihrer Obrigkeit, ihr Ziel war vielmehr eine stärkere Beteiligung an der Herrschaft.

Mit dem Zusammenbruch des Bauernaufstandes im Kraichgau fand auch die Rebellion der Bischofsheimer ihr Ende. Der Vertrag vom 28. Juni 1525 stellt eine

*Aufständische Bauern unter der Dorflinde (Holzschnitt 15. Jahrhundert).*

Kapitulation der Bischofsheimer Bauern dar, denn die Bestimmungen diktierten jetzt die Sieger, die Ritter von Helmstatt. Bürgermeister, Gericht und Gemeinde müssen sich ihrer Herrschaft unterwerfen und schwören, alle Bündnisse aufzugeben und treue Untertanen zu sein. Sie verpflichten sich, alle Waffen abzuliefern und in Zukunft „ohne wißen und Zulaßen" der Obrigkeit auch keine Waffen mehr zu kaufen. Dieser Verzicht gilt ebenso für alle Erben und Nachkommen. Die Rädelsführer mussten der Obrigkeit angezeigt werden. Ferner erklärte die Gemeinde sich damit einverstanden, alle Dienste und Abgaben zu leisten, auch wenn die Herrschaft ihr Recht auf diese nicht nachweisen kann. Indirekt ist dies eine Zustimmung für im Nachhinein zusätzlich auferlegte Abgaben. Der Schaden, der durch die Plünderung der Zehntscheune und der Vorratskeller verursacht worden ist, musste bezahlt werden.

Besonders schmerzhaft für die Bischofsheimer war die Einschränkung ihrer bisherigen politischen Rechte. Die mehr als 100 Jahre alte Institution der Vierundzwanzig, die sich aus je zwölf Bürgern und Schöffen zusammensetzte und die die Interessen der Bischofsheimer gegenüber der Ortsherrschaft vertrat, wurde aufgelöst. Ihr wurde die Hauptschuld an der Rebellion zugeschoben und deshalb war sie den Ortsherren ein Dorn im Auge. Die Unterzeichnung des Vertrages war ihre letzte Amtshandlung. Dieser Rat der Vierundzwanzig wurde nun durch ein viel kleineres Gremium ersetzt. Dieses bestand aus je vier jährlich zu wählenden Bürgern und Schöffen sowie den beiden Bürgermeistern. Die Untertanen mussten ferner auf alle Rechtsmittel verzichten; dafür verpflichtete sich die Herrschaft „aus Gnade", sie nicht über Gebühr mit Fronen und anderen Leistungen zu belasten.

Der Vertrag stellt eine erhebliche Einschränkung der bisherigen Rechte der Bischofsheimer Bürger dar. Doch im Vergleich zu anderen Orten kamen sie noch glimpflich davon. Sie mussten zwar die Rädelsführer anzeigen, ob diese aber überhaupt bestraft worden sind, ist nicht überliefert. Auch hatten sie den angerichteten Schaden wieder zu beheben, doch waren sie von einer zusätzlichen Strafe verschont geblieben. Die Ortsherrschaft hat mit diesem Vertrag ihre Stellung gegenüber den Bürgern sicherlich gestärkt, doch insgesamt gesehen ist sie als Sieger der Auseinandersetzung recht milde mit den Verlierern verfahren.

Auffällig ist, dass es in den reichsritterschaftlichen Orten, in denen 1525 bereits evangelisch gepredigt worden ist, also in den Orten der Ritter von Gemmingen, von Neipperg und Göler von Ravensburg, während des Bauernkrieges weitgehend ruhig geblieben ist. Das schließt nicht aus, dass einzelne Bauern aus diesen Orten sich einem der Bauernhaufen angeschlossen haben. Dadurch, dass mit der Einführung der Reformation diese Ortsherren bereits eine wesentliche Forderung der Bauern erfüllt hatten, scheinen sie auf ihre Untertanen mäßigend gewirkt zu haben. Sie zeigten ihnen damit auch, dass sie Reformen gegenüber aufgeschlossen waren.

*Links: Helmstadt. Der Ort ist seit dem 13. Jahrhundert der Stammsitz des gleichnamigen Niederadelsgeschlechts (Einblattdruck 1622/1623).*

# Das Bauernparlament in Heilbronn

Für Mitte Mai wurde wohl auf Betreiben Wendel Hiplers, einem der Führer des Odenwälder Haufens, in Heilbronn ein Bauernparlament einberufen, in dem Abgesandte aus dem Kraichgau, aus Franken und Schwaben gemeinsam das weitere Vorgehen beraten sollten.

Bereits nach der Bluttat von Weinsberg zeigte sich, dass die Führer des Odenwälder Haufens, Wendel Hipler und Georg Metzler, mit dem wüsten Vorgehen der Radikalen um Jäcklein Rohrbach nicht einverstanden waren. Sie befürchteten, dass dies der Sache der Bauern nur schadete. Deshalb hatten sie sich von Rohrbach und seinen Anhängern getrennt. Sie versuchten eine gewisse Ordnung in die Aktionen der Bauern zu bringen. Vor allem waren sie davon überzeugt, dass die angestrebten Reformen nur auf dem Verhandlungsweg erreicht werden könnten.

Am 4./5. Mai beschloss der Bauernrat in Amorbach eine Erklärung. An ihr haben nachweislich Männer mitgearbeitet, die keine Bauern waren: Götz von Berlichingen, Wendel Hipler, der Heilbronner Ratsherr Hans Berlin und der Mainzer Rentamtmann in Miltenberg, Friedrich Weigandt. Sie waren Vertreter der Obrigkeiten. Sie stellten daher nicht nur Forderungen auf, sondern formulierten und erließen ein Landesgesetz, an das sich jedermann zu halten hatte. Sie legten der so genannten Amorbacher Erklärung die Zwölf Artikel zu Grunde, setzten aber nur die Artikel in Kraft, deren Durchführung feststand. An den Artikeln 6 bis 10, die Vereinbarungen mit der Obrigkeit vorsahen, hielt man fest. Bis zum endgültigen Entscheid im Rahmen der künftigen Reform sollten die Abgaben wie bisher geleistet werden. Für die Übergangszeit suchten sie einen möglichst gesetzmäßigen Zustand zu schaffen. Gericht sollte wie bisher gehalten und den bestehenden Behörden Gehorsam geleistet werden.

Die Bauern fühlten sich von ihren Führern verraten. Sie sahen nur, dass ihre neu gewonnenen Freiheiten nun wieder eingeschränkt wurden, dass sie weiterhin Abgaben zu entrichten hatten und den alten verhassten Obrigkeiten gehorchen sollten. Sie bedrohten deshalb ihre Führer und zerstörten in ihrer Wut die dem Erzbistum Mainz gehörende Wildenburg.

Die Führer des Odenwälder Haufens gaben trotzdem nicht auf. Am 7. Mai hatten sie einen weiteren Erfolg verbuchen können, als sie in Miltenberg am Main mit dem Erzbistum Mainz einen Vetrag abschlossen, in dem das ganze Erzbistum dem Bündnis der Bauern beitrat und sich auf die Zwölf Artikel verpflichtete. Der Adel sollte innerhalb von vier Wochen ebenfalls dem Bund beitreten und die Geistlichen die Ordenstracht ablegen.

Wahrscheinlich von Amorbach aus verschickten die Odenwälder Bauernführer Einladungsschreiben an die benachbarten Bauernhaufen in Schwaben, Franken und am Rhein, mit der Aufforderung, bis Mitte Mai Vertreter nach Heilbronn zu schicken, um gemeinsam über die Zukunft und das weitere Vorgehen zu beraten. Der Vorschlag für dieses Bauernparlament scheint von Wendel

*Heilbronn (Stadtansicht von Westen, 1617).*

*Bauer und Bäuerin (Kupferstiche von Hans Sebald Beham, um 1540).*

Hipler ausgegangen zu sein, denn er leitete später die Verhandlungen, und er verfasste auch die Tagesordnung.

Diese Tagesordnung für das Heilbronner Bauernparlament zeichnet sich durch einen außerordentlichen Realitätssinn aus. In keinem anderen Schriftstück des Bauernkriegs ist der Blick so stark auf die Gesamtheit der Bewegung gerichtet. Die Vertreter der einzelnen Haufen sollten über das von ihnen Erreichte berichten und sich zusammen Gedanken darüber machen, was noch zu tun sei, wie man gegen die Fürsten vorgehen solle, die sich der Bewegung noch nicht angeschlossen hätten, und sich auch darüber klar werden, ob man sich gegen den Schwäbischen Bund oder den Kaiser rüsten müsse. Hipler hatte auch bereits darüber nachgedacht, was zu tun sei, wenn sich die Haufen einmal auflösten. So unterbreitete er Vorschläge für die Durchführung der angestrebten Reformation. Seiner Auffassung nach sollten die Gesandten den Zeitpunkt bestimmen und auch beschließen, ob Gelehrte, Bauern oder Bürger darüber entscheiden sollten.

Wendel Hipler verzichtete bei seinen Reformvorschlägen auf die religiöse Begründung, wie sie bei den Bauern in Oberschwaben und im Taubertal üblich war. Er berief sich auch nicht auf das göttliche Recht, sondern einzig und allein auf die Billigkeit. Was ihn unter allen anderen Bauernführern heraushebt, ist sein Bestreben, das damals Mögliche durchzuführen.

Im April bereits hatte Friedrich Weigandt einen Reformplan an Wendel Hipler geschickt, der vor allem den Adel und die Städte für die Sache der Bauern gewinnen sollte. In ihm forderte er die Verstaatlichung des geistlichen Besitzes. Die Zwölf Artikel schränkte er ein. Von freier Pfarrerwahl ist nicht mehr die Rede. Erbliche Abgaben, Zehnten, Zinsen und Dienstleistungen sollten den Herren weiter gereicht werden. Der kleine Zehnt und die Leibeigenschaft sollten hingegen abgeschafft werden. Das Reichsregiment, bestehend aus je zwölf Vertretern der Adligen, Reichsstädte und Bauern und sieben Geistlichen sollten über die Reformation entscheiden.

Als Grundlage für die Heilbronner Verhandlungen arbeitete Friedrich Weigandt Mitte Mai einen zweiten Reformplan aus, den er ebenfalls Wendel Hipler zukommen ließ. Dieser Plan greift viel weiter, ist aber unselbstständiger, weil er teilweise wörtlich aus einer 1523 anonym erschienenen Reformationsschrift „Teutscher Nation Notdurft" zitiert. Weigandt beruft sich hierin wieder auf das göttliche und natürliche Recht, vor dem alle, Arm und Reich, gleich seien. Die Sicherung des Rechts ist sein Hauptanliegen. Er entwirft eine neue Rechtsverfassung. Unter dem Reichsgericht als oberstem Gericht sollen vier Hofgerichte, 16 Landgerichte, 64 Freigerichte und darunter die Stadt- und Dorfgerichte stehen. Großes Misstrauen bringt er studierten Juristen entgegen. Lediglich drei Doktoren des kaiserlichen Rechts will er an den Universitäten zulassen. Die Gerichte sollten ausschließlich mit Laien besetzt werden, vor allem mit Bürgern und Bauern. Die weltlichen Herrn sollten vom Reich belehnt werden und mit einem ausreichenden Einkommen belohnt werden. Geistliche schließt er von weltlichen Ämtern ganz aus. Die Zinsknechtschaft der Bauern soll gebrochen werden. Auch Maße und Gewichte müssten vereinheitlicht und die Zahl der Münzen verringert werden.

In Weigandts Reformplänen vermischen sich mittelalterliche lehnsstaatliche Praxis mit modernen Forderungen. Manche der Reformvorschläge wie z. B. die Vereinheitlichung der Maße und Gewichte oder der Gerichtsaufbau sind erst dreieinhalb Jahrhunderte später im zweiten Deutschen Kaiserreich verwirklicht worden. Das Bild der Münzen, das Weigandt entwirft, stimmt mit dem der deutschen Münzen von 1871 überein: auf der Vorderseite das Bild des Landesherrn, auf der Rückseite der deutsche Reichsadler. Im Gegensatz zu Hipler knüpfte Weigandt nicht an die bestehenden Zustände an, sondern an die politischen Utopien seiner Zeit. Sein Plan entstand am Schreibtisch, nicht im Lager der Bauern. Zu deren Grundanliegen stand er nur in loser Beziehung. Wie Hipler ihn aufnahm, als er ihn las, ist nicht bekannt.

Mitte Mai trat das Bauernparlament im Schöntaler Hof in Heilbronn zusammen. Die Bauernhaufen des Kraichgaus, des Bruhrains, Frankens und Schwabens waren der Einladung Hiplers gefolgt und schickten ihre Vertreter. Doch ehe sie mit den Verhandlungen beginnen konnten, erreichte sie die Nachricht von der vernichtenden Niederlage der württembergischen Bauern in der Schlacht bei Böblingen und von dem Vordringen des Heeres des Schwäbischen Bundes nach Heilbronn. Die Gesandten ritten deshalb so schnell wie möglich zu ihren Haufen zurück. Die Reformpläne Wendel Hiplers und Friedrich Weigandts verschwanden danach in den Archiven. Sie bleiben trotzdem denkwürdig, weil sie der einzige Versuch sind, die Bauernbewegung für den Aufbau eines neuen Reiches zu benutzen.

# Die Niederschlagung des Bauernaufstandes

Auch die Reformatoren, voran Martin Luther, konnten dem Aufruhr der Bauern 1525 mit all seinen Auswüchsen nicht gleichgültig gegenüberstehen, beriefen sich die Bauern doch auf das in der Bibel formulierte göttliche Recht und fühlten sich als Vollstrecker der „Freiheit eines Christenmenschen". Im April verfasste Luther auf Bitten der oberschwäbischen Bauern als Gutachten über die „Zwölf Artikel" die Schrift „Ermanunge zum fride auff die zwelff artickel der Bawrschafft ynn Schwaben". In dieser ersten Schrift zum Bauernkrieg rief er die Bauern zum Verzicht auf Gewaltanwendung auf. Auch wenn die Obrigkeit böse sei, rechtfertige dies keinen Aufruhr. Luther appelliert aber auch an die Obrigkeiten, dass es ihre Pflicht sei, das Beste für ihre Untertanen zu erreichen. Noch härter geht Luther in seiner zweiten Schrift „Wider die Mordischen und Reubischen Rotten der

Ermanunge zum fride auff die zwelff artickel der Bawrschafft ynn Schwaben.
Auch widder die reubischen vnd mördischen rotten der andern bawren.
Mart. Luther.
Wittemberg.
Psalm. 7.
Seine tück werden yhn selbs treffen
Vnd sein mutwill / wird vber yhn ausgehen.
1525.

Wider die Mordischen vnd Reubischen Rotten der Bawren.

Psalm. vij.
Seyne tück werden jm selbs treffen /
Vnd seyn mutwill / wirdt vber jn außgeen.
1525.
Martinus Luther. Wittemberg.

*Martin Luther „Ermanunge zum fride..." und „Wider die Mordischen und Reubischen Rotten der Bawren" (Titelblätter der Flugschriften, 1925).*

*Unten: Die Enttäuschung über die Haltung Martin Luthers fand in vielen Flugschriften ihren Niederschlag. Eine davon war Thomas Murners Streitschrift „Von dem grossen Lutherischen Narren" (Straßburg, 1522).*

Von dem grossen Lutherischen Narren wie in doctor Murner beschworen hat. &c.

*Links: Johann Fundling „Anzaigung zwayer falschen zungen des Luthers…“ (Titelblatt der Flugschrift 1526).*

Anzaigung zwayer falschen zungen des Luthers wie er mit der ainen die paurn verfüret/mit der andern sy verdammet hat/ durch Admiralsi den Wunnderer. genant Johann Fundling. 1525.

Der omplaser vnd der zwayzungig ist verflůcht/ dañ vill die fride gehabt haben hat er betrubt vnd verwirret. Eccle. 28.



Mit kayserlicher freyhait drey jar.

*Rechts: Titelblatt der Spottschrift „Sieben Koepffe Martini Luthers“ von Johannes Cochläus (Leipzig, 1529).*

Sieben Köpffe Martini Luthers Vom Hochwirdigen Sacrament des Altars / Durch Doctor Jo. Cocleus.



*Unten: Philipp Melanchthon, 1497–1560 (Holzschnitt von Lucas Cranach).*

Bawren“ ins Gericht. Nicht nur die radikalen, sondern auch die gemäßigte Bauern waren in seinen Augen Frevler gegen Gott, denn die Obrigkeiten hätten das Recht, allein zu bestimmen, und bräuchten nicht ihre Untertanen zu fragen. Deshalb sei es auch die Pflicht der Obrigkeiten, alle aufständischen Bauern als Bösewichter zu erschlagen. Hoffte Luther noch in seiner ersten Schrift den Frieden durch die Unterwerfung der Bauern wiederherzustellen, rechtfertigt er in seiner zweiten Schrift sogar die physische Vernichtung der Aufständischen. Auch Philipp Melanchthon verfasste auf Bitten Kurfürst Ludwigs V. von der Pfalz im Mai ein Gutachten über die Zwölf Artikel. Im Gegensatz zu Luther ging er darin auf alle Artikel ein, er verurteilte aber die Bauern mit fast noch größerer Härte.

Auch die deutschen Fürsten, deren Macht und Stellung im Reich bei einem Sieg der Bauernheere erheblich geschwächt worden wäre, begannen nun, mit größerer Entschlossenheit als bisher gegen die Bauern vorzugehen. Bis Mitte Mai war ihre Taktik, Zeit zu gewinnen und die Bauern hinzuhalten, um dann, wenn der erste Angriffsschwung der Bauernhaufen erlahmt war, eine militärische Entscheidung herbeizuführen und die gemachten Zugeständnisse wieder rückgängig zu machen. Mit dieser Taktik gelang es Markgraf Philipp von Baden, Bischof Georg von Speyer und Kurfürst Ludwig V., die Bauernhaufen in ihren Territorien aufzulösen.

Kurfürst Ludwig V. war allerdings auch in einer schwierigen Lage. Bereits Anfang März hatte er dem Schwäbischen Bund eine größere Anzahl Reisiger zur Verfügung stellen müssen. Als die Bauernhaufen bei Heilbronn und Brackenheim Anfang April immer größer wurden, forderte der Bund den Kurfürsten auf, der württembergischen Regierung zu Hilfe zu kommen. Dazu war er jedoch nicht in der Lage, da er zur gleichen Zeit seinem Schwager Markgraf Philipp von Baden, dessen Stadt Durlach von den eigenen Bauern eingenommen worden war, mit Reisigen aushelfen sollte. Das Einzige, was er tun konnte, war die Entsendung seines Marschalls Wilhelm von Habern mit einer Reiterschar in den südlichen Kraichgau. Über Maulbronn zog das kleine pfälzische Heer nach Mosbach und Boxberg, ohne allerdings gegen die zahlenmäßig weit überlegenen Bauernhaufen etwas ausrichten zu können. Erst Mitte Mai 1925 trat die von den Fürsten erhoffte Wende ein.

Der Schwäbische Bund, ein Zusammenschluss der schwäbischen Reichsstände, stellte unter dem Kommando von Georg Truchseß von Waldburg ein Heer von etwa 8000 Landsknechten und 2000 Reitern auf, das sich Ende März in Ulm, der Hauptstadt des Bundes, versammelte, um von dort aus den Kampf gegen die Bauernheere aufzunehmen. Nachdem das Bundesheer im April fast alle Bauernheere in Oberschwaben besiegt oder, wie in Weingarten und im Hegau, durch Verträge zum Stillhalten gebracht hatte, erhielt es den Befehl, nach Norden ins Herzogtum Württemberg zu marschieren, um die Bluttat von Weinsberg zu rächen. Am 10. Mai eroberte es das von den Bauern besetzte Herrenberg zurück. Nachdem Georg Truchseß von Waldburg die Stadt Böblingen zum Anschluss an den Bund gewonnen hatte, stellte er zwischen Böblingen und Sindelfingen den dort liegenden,

*Oben: Überfallene Bauern im Kampf mit Landsknechten (Holzschnitt von Hans Sebald Beham, um 1525).*

*Links: Martin Luther „An den christlichen Adel deutscher Nation…“ (Titelblatt, Leipzig 1520).*

*Oben: Kriegsrat (Federzeichnung von Urs Graf, 1515).*

*Rechts: Nach der Schlacht (Zeichnung von Urs Graf, 1517).*

12000 Mann starken württembergische Bauernhaufen zur Entscheidungsschlacht. Unter dem Ansturm der Reisigen lief das Bauernheer auseinander. Über 2000 Bauern wurden auf der Flucht erstochen und Hunderte gefangen genommen.

In Eilmärschen zog das Bundesheer neckaraufwärts über Bönnigheim zum heilbronnischen Dorf Neckargartach, das er am 20. Mai erreichte. Auf dem Dorfanger in Richtung Fürfeld nahm er furchtbare Rache an Jäcklein Rohrbach, dem Hauptverantwortlichen der Bluttat von Weinsberg. Rohrbach war nach der Schlacht bei Böblingen in Gefangenschaft geraten, auf die Feste Hohenasperg gebracht und ihm auf dem Weg nach Norden ausgeliefert worden. Noch am Abend des 20. Mai ließ der Truchseß den gefangenen Rohrbach mit einer Kette an einen Baum binden, Holz um ihn herum aufschichten und anzünden. Unter Trommelwirbel und Pfeifenschall ließ er Rohrbach bei lebendigem Leib unter furchtbaren Qualen rösten. Rohrbach erlitt damit das gleiche Schicksal wie Melchior Nonnenmacher, der Pfeifer aus Ilsfeld, der beim Spießrutenlauf des Grafen Helfenstein in Weinsberg mit seinem

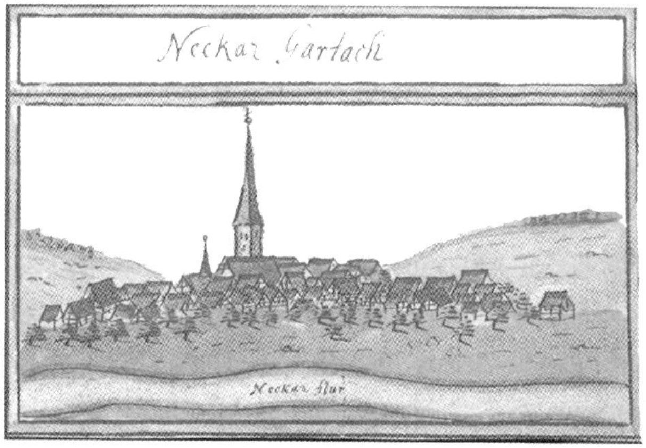


*Neckargartach (aus dem „Forstlagerbuch“ von Andreas Kieser, 1683).*

## Jäcklein Rohrbach – ein „böslicher Mann“ ?

Als einer der berüchtigtsten Bauernkriegsführer im Raum Heilbronn, im südlichen Kraichgau und in den angrenzenden württembergischen Gebieten gilt Jäcklein Rohrbach aus dem der Stadt Heilbronn gehörenden Dorf Böckingen. Er wird als schwieriger, gewalttätiger Mensch geschildert. Rohrbach, Leibeigener der Herren von Neipperg und Hofmann (= Erbpächter) auf einem dem Wimpfener Petersstift gehörenden Hof in Böckingen, zählte, weil er auch noch Eigenbesitz hatte, zu den vermögenderen Bauern. Zusammen mit einigen anderen verweigerte er 1520 der Stadt Heilbronn eine außergewöhnliche Schatzung. Auch den neippergischen Amtmann in Klingenberg soll er bedroht haben. Dem Pfründner des Wimpfener Kiliansaltars blieb er 1524 die Gült schuldig, weswegen er sich am 27. März vor dem Böckinger Dorfgericht verantworten mußte. Rohrbach nutzte diesen Rechtsstreit, um unter den Bauern aus dem ganzen Heilbronner Raum für bäuerliche Forderungen wie die Abschaffung sämtlicher Lasten zu werben. Auf einer Versammlung in Flein am 2. April wählten ihn die Bauern zu ihrem Hauptmann.

Auf seinen Streifzügen setzte der Neckartaler Haufen Rohrbachs die Umgebung Heilbronns bis ins Hohenlohische hinein durch Plünderungen von Klöstern und Chorherrnstifte in Angst und Schrecken. Nach der Erstürmung der Burg Weinsberg am Ostersonntag war es vor allem sein Haufen, der aus Rache die Hinrichtung des gefangenen Grafen von Helfenstein und 13 Adligen durch die entehrende Strafe des Spießrutenlaufens verlangte und durchführte. Die grausige Bluttat von Weinsberg bestimmte fortan das Bild, das sich die Gegner der Bauern von Jäcklein Rohrbach machten.

Doch war Rohrbach nicht zu jedem Terror bereit. In einem Schreiben zu Beginn des Aufstandes an den Rat der Stadt Heilbronn versichert er, er wolle sie nicht gewaltsam zum Anschluß zwingen und auch nicht schädigen, doch solle sie Freiwillige zu ihm ziehen lassen. So ist es auch ihm zu danken, daß die von den Bauern des Zabergäuer Haufens beabsichtigte Zerstörung des Maulbronner Klosters unterblieb.

Trotzdem zog Jäcklein Rohrbach durch die Weinsberger Bluttat den Hass des Adels auf sich. Nachdem er nach der Niederlage der Bauern bei Böblingen auf der Flucht vom Heer des Schwäbischen Bundes gefangen worden war, wurde er in Neckargartach an einen Weidenbaum gekettet, um den Holz aufgeschichtet war, und grausam geröstet. Sein ganzes Habe, wie auch das der anderen Rädelsführer von Weinsberg, ließ Jörg Truchseß von Waldburg einziehen und der Witwe des getöteten Grafen Helfenstein als Entschädigung geben.

Zinken aufgespielt hatte. Er wurde ebenfalls nach der Schlacht bei Böblingen in einem Hühnerstall gefangen genommen und noch auf dem Weg nach Neckargartach von Georg Truchseß von Waldburg hingerichtet.

Am nächsten Tag rückte der Truchseß mit seinen Truppen nach Weinsberg vor. Die Stadt wurde für die Bluttat vom Ostersonntag verantwortlich gemacht. Ein furchtbares Exempel sollte deshalb an ihr statuiert werden. Schon bei der ersten Nachricht vom Anmarsch des Bundesheeres waren die wohlhabenderen Familien in das gut befestigte Heilbronn geflüchtet. Zurückgeblieben waren Frauen, Kinder, Kranke und alte Männer. Als die Bundestruppen sich näherten, waren die Stadttore offen, niemand stand hinter den Stadtmauern, um sich zur Wehr zu setzen. Truchseß Georg ließ die Sakramente aus den Kirchen und Kapellen heraustragen und befahl, die Stadt einzuäschern. Der mit dieser Aktion beauftragte Ritter wies noch seine Söldner an, die Menschen aus der Stadt zu holen. Dann steckten diese Haus für Haus in Brand. Die Bürger von Weinsberg, die mit den Ereignissen vom 16. April eigentlich gar nichts zu tun hatten, mussten nun mit all ihrer Habe dafür zahlen, dass Jäcklein Rohrbach den Grafen von Helfenstein durch die Spieße gejagt hatte. Doch dies war

*Hinrichtung Jäcklein Rohrbachs in Neckargartach (Zeichnung aus Peter Harers „Wahrhafte und gründliche Beschreibung des Bauernkrieges“, 1551).*

Erzherzog Ferdinand, dem habsburgischen Statthalter im Herzogtum Württemberg noch immer nicht genug. Weinsberg wurde zum Dorf degradiert, musste seine Befestigungsanlagen einschließlich der Tore niederlegen, alle Waffen und Rüstungen abliefen und an jedem Osterfest einen Gedenkgottesdienst am Platz der Tat abhalten. Es war eine entehrende Strafe. Über zwanzig Jahre dauerte es, bis Weinsberg die Stadtrechte unter Herzog Christoph wieder erhielt.

Auch Kurfürst Ludwig V. war nun angesichts der Erfolge des Bundesheeres entschlossen, gegen die Bauern zu Feld zu ziehen. In Heidelberg stellte er am 23. Mai ein Heer auf, bestehend aus 4500 Mann zu Fuß und weitere 1800 zu Pferd. Unter dem Befehl Wilhelms von Habern unterwarf das pfälzische Heer mit unerbittlicher Härte innerhalb von zwei Tagen den ganzen Bruhrain.

*Rechts: Erschlagener Bauer (Federzeichnung von Hans Leu d. J., Anfang 16. Jahrhundert).*

*Unten: Söldner überfallen Bauern (Kupferstich von Ulrich Franck, 1656).*

In Malsch, von wo der Bruhrainer Aufstand seinen Ausgang genommen hatte, kam es zum ersten Gefecht. Da sich die Bauern im Dorf verschanzt hatten und sich nicht freiwillig ergeben wollten, ließ es der Marschall stürmen und anschließend niederbrennen. Noch am gleichen Tag wurden Rotenburg, Rauenberg und Mühlhausen zurückerobert. In Rotenberg wurde auch der adlige Bauernhauptmann Hans von Dalheim gefangen genommen und nach Heidelberg ins Gefängnis gebracht.

Am nächsten Tag nahm das pfälzische Heer Schloss Kislau ein, in dem nur noch vier Bauern als Besatzung lagen, wo sie mit einem Henker einige Gefangenen bewachten. Wilhelm von Habern ließ sie gefangen nehmen und anschließend von ihrem eigenen Henker auf einer Brücke enthaupten und ihren Leichnam in den Graben „den Fischen zu einer Speis“ werfen. Auch etwa 1500 Stück Vieh, das die Bauern geraubt und in Kislau zusammengetrieben hatten, nahm das pfälzische Heer mit. Die eine Hälfte gab der Marschall seinem Herrn, dem Kurfürsten, als Beute, die andere Hälfte verteilte er, ebenfalls als Beutegut, unter seine Mannschaften.

Die beiden Hauptleute des Bruhrainer Haufens, Friedrich Wurm und Hans von Hall, wurden von Bürgern des Dorfes Huttenheim aufgegriffen und dem Kurfürsten übergeben. Dieser ließ sie ins Gefängnis nach Heidelberg bringen, wo sie auf ihr weiteres Schicksal warten mussten.

Die Stadt Bruchsal war das nächste Ziel. Auf dem Weg dorthin wurden die Dörfer „fluchs geplündert“. Am Himmelfahrtstag (25.Mai) musste sich Bruchsal auf Gnade und Ungnade ergeben. Das Bauernregiment hatte sich längst aus dem Staub gemacht, als die Bürger die Tore öffneten und der Kurfürst unter Trommelwirbel und Trompetenschall in die Stadt einzog. Auf dem Schlossplatz musste sich die Bevölkerung versammeln und die Namen der Rädelsführer preisgeben. Über 70 Männer wurden genannt. Sie wurden gefangen genommen und in einen Turm gesperrt, in dem diese so dicht gedrängt saßen, dass sie beinahe erstickten.

Von Weinsberg her stieß das Heer des „Schwäbischen Bundes“ unter dem Kommando von Georg Truchseß von Waldburg, der als „Bauernschlächter“ unrühmlich in die Geschichte eingegangen ist, über Neckargartach in den

### Jörg Truchseß von Waldburg – der Bauernschlächter

Als Bauernschlächter ist Georg Truchseß Freiherr zu Waldburg (1488–1531), auch der „Bauernjörg“ genannt, in die Geschichte eingegangen. Er trat 1508 in den Dienst Herzog Ulrichs von Württemberg und war als Hauptmann schon bei der Niederschlagung des Aufstands des „Armen Konrad“ in Erscheinung getreten. 1515 wechselte er in den Dienst Herzog Wilhelms von Bayern. Für diesen führte er Gesandtschaften und Aufträge auch zum kaiserlichen Hof nach Wien und den Niederlanden durch. Im Krieg gegen Herzog Ulrich 1519 war er oberster Feldhauptmann des bayerischen Heeres. 1520 wechselte er erneut seinen Arbeitgeber, indem er Dienst bei den Habsburgern aufnahm. Als oberster Feldhauptmann des Schwäbischen Bundes, eines Verteidigungsbündnisses des schwäbischen Adels und der Reichsstädte, dem später weitere Fürsten beitraten, brach er 1523 24 Burgen des fränkischen Adels wegen Raubes und Landfriedensbruches. Seinen eigentlichen Ruf begründete er mit seinen Taten als Feldherr des Schwäbischen Bundes im Bauernkrieg.

Mit unerbittlicher Härte gingen seine Söldnertruppen gegen die Bauernheere vor. Lediglich gegen den Seehaufen, den Bauern des Bodenseegebiets, zog er es Anfang April 1525 aus taktischen Erwägungen vor, statt anzugreifen, mit den Bauern zu verhandeln. Das Ergebnis dieser Verhandlungen, der Weingartener Vertrag, trug ihm mancherlei Kritik seitens der Fürsten ein. Allen anderen Bauernheeren fügte er vernichtende Niederlagen zu. So fielen in den Schlachten bei Böblingen und bei Königshofen Tausende von Bauern. Unbarmherzig ließ er die Dörfer der aufständischen Bauern plündern und in Brand stecken. Grausam ließ er auch die gefangen genommenen Rädelsführer der Bauern hinrichten, so dass sogar der Schwäbische Bund ihn zur Mäßigung aufrufen musste.

Nach der Niederschlagung des Bauernaufstandes übertrug ihm Erzherzog Ferdinand das Amt des Statthalters im Herzogtum Württemberg. Unter seinem festen Regiment kehrte bald wieder Ruhe ein, so dass die bürgerliche Schicht Vertrauen zu ihm gewann.

*Jörg Truchseß von Waldburg (Holzschnitt von Christoph Amberger aus der Pappenheim'schen Chronik der Familie Truchseß von Waldburg).*

*Oben: Bauern werden zur Richtstätte geführt (Federzeichnung 16. Jahrhundert).*

*Rechts: Folterkammer (Holzschnitt des Petrarca-Meisters 1519/1520).*

Kraichgau vor. Am 24. Mai schlug er sein Feldlager bei Richen auf, rückte in Eppingen ein und nahm dort Anton Eisenhut, der in der Hoffnung, dass der Kurfürst sein in Hilsbach gegebenes Wort halten werde, seinen Haufen aufgelöst und sich nach Eppingen begeben hatte, mit drei weiteren Eppingern, die sich dem Kraichgauer Haufen angeschlossen hatten, gefangen. Alle vier schickte er dem Kurfürsten nach Bruchsal als „Beutepfennig". Da man in den Gefängnissen keinen Platz mehr hatte, ließ sie der kurpfälzische Hauptmann nach kurzem Verhör am 25. Mai zusammen mit fünf anderen Rädelsführern kurzerhand auf dem Schlosshof enthaupten. Die Berufung der Gefangenen auf den Vertrag war nutzlos.

In Bruchsal trafen sich an diesem Tag auch die Hauptleute des Schwäbischen Bundes mit Kurfürst Ludwig. Sie vereinbarten bei diesem Treffen, die beiden Heere in Fürfeld zu vereinigen, um nach der Niederschlagung des Aufruhrs im Kraichgau, gemeinsam gegen Neckarsulm und dann gegen die nun im Taubergrund agierenden Odenwälder Bauern zu ziehen.

*Bauern werden abgeführt (Zeitgenössischer Holzschnitt).*

Auf dem Weg nach Bruchsal zogen die Truppen des Schwäbischen Bundes nach Odenheim. Durch einen Boten ließ Georg Truchseß die Bauern auffordern, ihr befestigtes Dorf zu übergeben, was diese ablehnten. Als die 200 Odenheimer Bauern sich plötzlich der Übermacht der Reiter des Bundesheeres gegenüber sahen, baten sie um Gnade. Wegen ihrer Aufmüpfigkeit befahl der Truchseß ihnen stattdessen, sich zu verteidigen. Die Bauern aber suchten nun ihr Heil in der Flucht. Dabei wurden 25 von ihnen von den Reitern eingeholt und erstochen. Daraufhin besetzte der Truchseß das Dorf. In der Nacht loderten plötzlich an fünf verschiedenen Stellen des Dorfes die Flammen auf. Die Bauern hatten sich unbemerkt herangeschlichen, um sich für ihre erstochenen Dorfgenossen zu rächen. 46 Häuser brannten dabei ab. Das Bundesheer verlor dagegen viele Pferde und Wagen. Der Schaden, den das Heer des Bundes erlitten hatte, hielt dieses noch einen Tag am Weitermarsch ab.

Von Bruchsal aus brach Kurfürst Ludwig mit seinem Heer nach Hilsbach auf, das sich dem Eisenhut'schen Haufen angeschlossen hatte, um sich neu huldigen zu lassen. Während er dort sein Lager aufschlug, zog ein Teil der Reisigen nach Sinsheim weiter und das Fußvolk in die umliegenden Dörfer. Das Heer des Bundes dagegen bezog in Rohrbach, Steinsfurt und Reihen Nachtlager und setzte am nächsten Tag seinen Marsch bis nach Fürfeld fort. Am 28. Mai traf wie vereinbart auch Kurfürst Ludwig mit seinem Heer in Fürfeld ein, wo er mit Salutschüssen empfangen wurde.

Am nächsten Tag marschierte das mit schweren Waffen ausgerüstete, rund 13000 Mann zählende vereinigte Heer nach Neckarsulm, das seine Tore verschlossen hatte und sich dem Angriff des Heeres zur Wehr setzte. Erst am Morgen des folgenden Tages ergab sich die Stadt. Die Bauern und Bürger mussten nicht nur ein Strafgeld bezahlen, sondern auch ihre Waffen abgeben

### Sage von Eisenhuts Flucht aus dem Gefängnisturm des Fürfelder Schlosses

In Fürfeld wird heute noch eine Sage aus der Bauernkriegszeit erzählt. An der Südostecke der Stadtmauer stand bis zum Jahre 1829 noch ein mächtiger Turm mit fast zwei Meter dicken Mauern. In diesem Turm, der als Gefängnis diente, sei der Pfeifer Melchior Nonnenmacher nach seiner Gefangennahme durch die Truppen des Schwäbischen Bundes nach der Schlacht bei Böblingen festgesetzt worden.

Nonnenmacher hatte bei der grausamen Hinrichtung des Grafen Helfenstein in Weinsberg mit seinem Zinken (Blasinstrument) aufgespielt. Er musste dafür hart büßen. Er erlitt das gleiche Schicksal wie sein Genosse Jäcklein Rohrbach. Jörg Truchseß von Waldburg ließ ihn an einen Baum binden, um den man anschließend Holz aufschichtete, und ließ ihn bei lebendigem Leibe rösten.

Auch der Eppinger Pfaffe Anton Eisenhut, der als Hauptaufwiegler der Bauern im Kraichgau galt, sei nach seiner Festname durch die Truppen des Schwäbischen Bundes in diesem Turm gefangen gehalten worden. Im Gegensatz zu Melchior Nonnenmacher sei es ihm aber gelungen, aus dem Gefängnis zu entkommen, indem er den Fußboden aufgerissen habe und in den darunter befindlichen mit dem Böllinger Bach in Verbindung stehenden Burggraben entkommen sei. Doch sei Eisenhut später wieder gefangen genommen und in Bruchsal enthauptet worden.

*Oben: Im Gefängnis (Holzschnitt des Petrarca-Meisters, 1519/1520).*

*Unten: Enthauptung von Rädelsführern (Kupferstich, 16. Jahrhundert).*

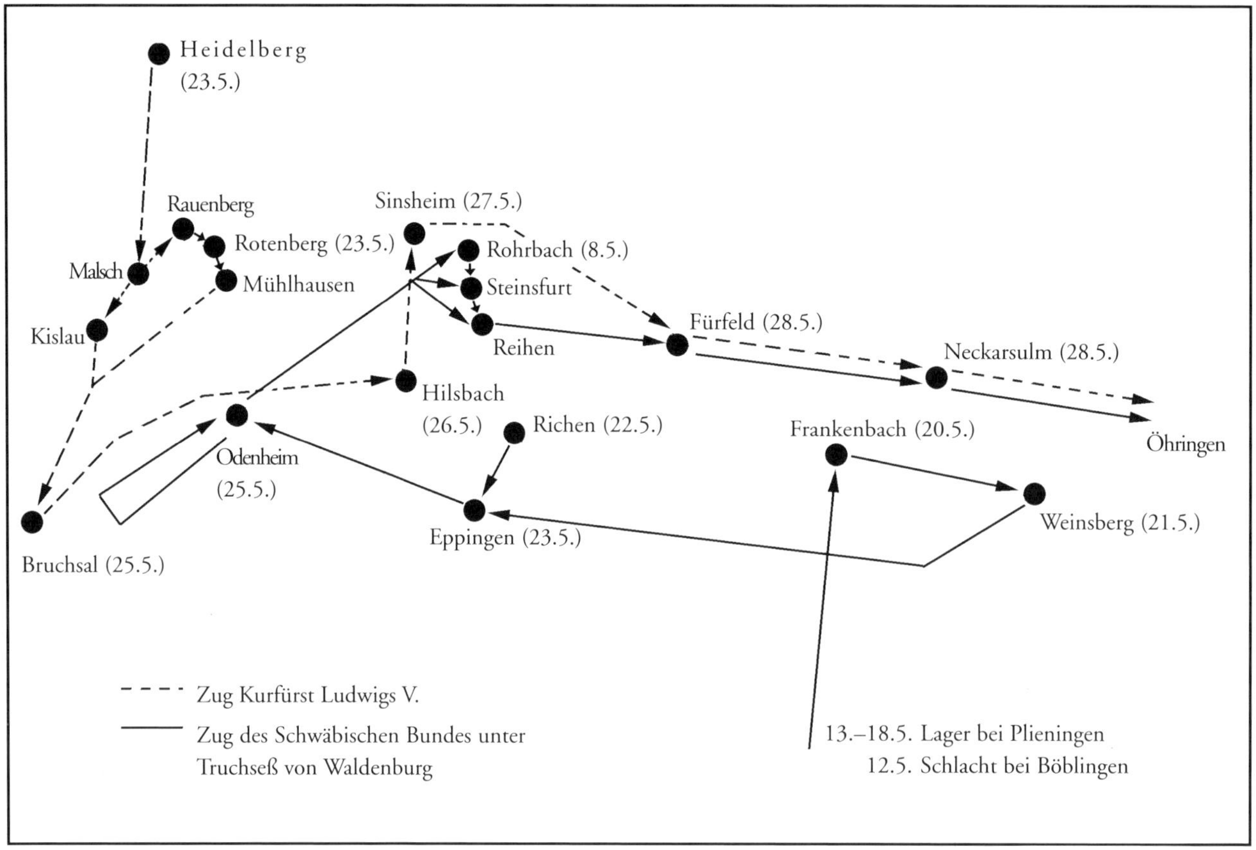


*Oben: Fähnrich, Pfeifer und Trommler (Holzschnitt von Hans Sebald Beham, 1543).*

*Rechts: Zug Kurfürst Ludwigs V. und des Schwäbischen Bundes unter Truchseß von Waldenburg 1525.*

*Unten: Plünderung eines Dorfes (Holzschnitt aus der „Schweizer Chronik" von Johannes Stumpf, Zürich 1548).*

und die Stadtmauern niederreißen. Außerdem wurden die an der Weinsberger Bluttat beteiligten Neckarsulmer zur Rechenschaft gezogen.

Die 60 Aufgegriffenen wurden, in einer Zweierreihe an Stricken gefesselt, ins Feldlager geführt und zwölf von ihnen, darunter auch der Hauptmann, Fähnrich und Schreiber, ein ehemaliger Mönch, am Abend mit dem Schwert hingerichtet. Noch am gleichen Tag brannten die bündischen und pfälzischen Truppen mehrere Orte bei Heilbronn nieder, unter anderen auch das Dorf Böckingen, in dem Jäcklein Rohrbach einen Hof besaß.

Der Aufstand im Bruhrain, Kraichgau und im Neckartal war damit niedergeschlagen. Das Heer des Bundes und der Kurpfalz zog am nächsten Tag in Richtung Öhringen weiter, um im Hohenlohischen und später in Franken das Strafgericht über die Bauern fortzusetzen.

# Die Bestrafung der Bauern durch die Sieger

Kurfürst Ludwig V. bestrafte alle Dörfer und die Städte, die sich am Bauernaufstand im Bruhrain und im Kraichgau beteiligt hatten, mit großer Härte. In dem Unterwerfungsvertrag vom 26. Mai 1525 musste sich Bruchsal verpflichten, seine Befestigungsanlagen durch das Niederreißen der Stadttore unwirksam zu machen. Zusammen mit den Ämtern Rotenberg, Kislau, Grombach und Udenheim (= Philippsburg) hatte es außerdem eine Buße von 40000 Goldgulden zu zahlen und alle Waffen der Bürger abzuliefern. Nur noch mit Zustimmung des Landesherrn sollten sie künftig wieder Waffen erwerben und besitzen dürfen.

Der hohe Betrag von 40000 Gulden konnte laut Vertrag in fünf Raten bezahlt werden. Am 4. und 18. Juni waren je 5000 Gulden fällig, jeweils am 11. November 1525, 1526 und 1527 weitere 10000 Gulden. Das Strafgeld wurde auf die Anzahl der Häuser eines jeden Ortes der fünf Ämter umgelegt. Auf jedes Haus fiel eine Schuld von 14 Gulden. Für die vertragliche Einhaltung der Brandschatzung mussten die einzelnen Orte je zwei Geiseln stellen, die solange von der Obrigkeit festgehalten werden konnte, bis die beiden ersten Teilraten von den einzelnen Dörfern abbezahlt waren. Und wenn die einzelnen Orte bis zum 11. November nicht ihren ganzen Anteil haben entrichten können, hatte der Landesherr das Recht, so viel zu pfänden, bis auch der Rest des Strafgeldes bezahlt sei.

Am 14. Juli versammelten sich auf Befehl der Amtleute des Bischofs von Speyer alle Untertanen der Ämter Bruchsal, Altenburg (= heute Karlsdorf) und Grombach morgens um neun Uhr auf einem Platz nahe Bruchsal, um im Beisein auch kurpfälzischer Amtleute dem Bischof von Speyer einen neuen Huldigungseid zu leisten. Noch am gleichen Morgen ließen die Amtleute des Bischofs in Mingolsheim die Untertanen der Ämter Udenheim, Kislau und Rotenberg sowie des Stifts Odenheim zusammenkommen, um dort ebenfalls dem Bischof als Landesherrn neu zu huldigen.

Ähnlich hart wie die Untertanen des Hochstifts Speyer wurden auch die vier kurpfälzischen Landstädtchen Eppingen, Heidelsheim, Sinsheim und Hilsbach bestraft. In einem Revers (= Erklärung) vom Pfingstsonntag (5. Juni) unterwarfen sie sich auf Gnade und Ungnade dem Kurfürsten, wie sie es schon im Vertrag mit dem Schwäbischen Bund zugesichert hatten, gelobten ihm einen neuen Huldigungseid und versprachen „mit reichung zehenden, zins, Renten, gulten, fron und ander. . . gehorsam zu leisten und thun wie fromen leuten gebürt und zustet". Noch am gleichen Tag erhoben die Brandschatzmeister des Schwäbischen Bundes von ihnen 1000 Gulden, doch konnten sie zusammen sofort nur 894 Gulden aufbringen.

Eppingen aber wurde besonders hart bestraft, weil es beschuldigt wurde, die Hauptverantwortung an der Zerstörung des Steinsbergs zu tragen. Für dessen Wieder-

*Strafgericht (Holzschnitt des Petrarca-Meisters, 1519/1520).*

*Rechte Seite, großes Bild: Körperstrafen und Hinrichtungsarten im Mittelalter (Anonymer Holzschnitt, 16. Jahrhundert).*

*Kleines Bild: Hans Sebald Beham (hier ein von Philipp Kilian gestochenes Bildnis des Malers und Kupferstechers) wurde ebenso wie sein Bruder Barthel und der Maler und Grafiker Georg Pencz der Sympathie mit den Bauern beschuldigt.*

*Oben rechts: Bauern huldigen neu. (Federzeichnung aus der Chronik des Abtes Jacob Murer vom Kloster Weißenau).*

*Unten links: Bestrafung von Knechten (Holzschnitt des Petrarca-Meisters 1519/20).*

*Unten rechts: Folter (Holzschnitt aus der Bambergischen Halsgerichtsordnung).*

aufbau musste es 5500 Gulden zahlen. Zudem wurde es von den Truppen des Schwäbischen Bundes gebrandschatzt. Die Bürger der Stadt mussten ferner ihre Waffen abliefern, die auf zwei Pferdewagen abtransportiert wurden. Schließlich nahm man noch rund 1300 Schafe weg, so dass der Stadt und den Bürgern von Eppingen die Beteiligung am Bauernkrieg insgesamt auf 10 000 Gulden zu stehen kam.

Den Einwohnern des Städtchens Gochsheim, wo sich der Kraichgauer Haufen unter Eisenhut gesammelt hatte, wurden gleich zwei Strafen auferlegt, die eine durch Kurfürst Ludwig V. und die andere in Höhe von 500 Gulden durch Georg Truchseß von Waldburg. Die „armen Leute“ von Gochsheim wandten sich daher an den Grafen Bernhard von Eberstein, ihren Ortsherrn, mit der Bitte, bei Kurfürst Ludwig den Erlass des von ihm auferlegten Strafgeldes zu erwirken. Ob die Bemühungen Graf Ebersteins Erfolg gehabt haben, ist nicht überliefert.

Recht glimpflich kamen die Bauern der Markgrafschaft Baden davon. Am 29. Mai 1525 mussten sie ihrem Landesherrn, Markgraf Philipp, neu huldigen und einen Unterwerfungsvertrag unterzeichnen. Im Amt Durlach verpflichteten sich darin die Dörfer Stein, Ellmendingen, Dietlingen, Weiler, Eisingen, Niefern, Huchenfeld, Büchenbronn, Königsbach, Wössingen, Nöttingen,

Stupferich, Singen, Wilferdingen und Darmsbach für die während des Aufstandes angerichteten Schäden aufzukommen, dem Bündnis, das sie mit den Bauern des Bruhrains eingegangen waren, zu entsagen und alle Rädelsführer auszuliefern. Allerdings versprach der Markgraf, die Unschuldigen zu verschonen.

Am gleichen Tag unterschrieben auch die Dörfer des badischen Amtes Mühlburg einen Unterwerfungsvertrag mit dem gleichen Inhalt. Zu diesem Amt gehörten die Dörfer Knielingen, Mörsch, Forchheim, Daxlanden, Bulach, Beiertheim, Neureut, Eggenstein, Schröck, Linkenheim und Hochstetten. Zwar gibt es über die Gemeinden dieses Amtes keine speziellen Berichte hinsichtlich deren Beteiligung am Bauernkrieg. Doch diese erneute Huldigung sowie die Unzufriedenheit der badischen Hardtgemeinden mit der Forstordnung von 1483, die dem Markgrafen den Hardtwald zuschrieb und die die Waldnutzung der Bauern einschränkte, lässt darauf schließen, dass auch sie, wie die Bauern des Amtes Durlach, sich am Aufstand beteiligt haben.

Bereits am 26. Mai musste sich die Stadt Durlach gegenüber Kurfürst Ludwig V. verpflichten, den Bauern des Bruhrains keine weitere Hilfe mehr zu leisten. In dem Schreiben betonten die Durlacher, dass sie gegen ihren Willen von den Bruhrainern gezwungen worden seien,

*Schloß Horneck bei Gundelsheim, Sitz der Deutschmeister bis 1525, wurde im Bauernkrieg zerstört (Zeichnung von Hans Baldung Grien; Skizzenbuch 1515).*

### Die Kirchhausener werden für ihr Verhalten im Bauernkrieg von ihrer Herrschaft belohnt

Die Bauern des Deutschordensdorfes Kirchhausen beteiligten sich nicht am Bauernkrieg, sondern blieben ihrer Herrschaft treu, während alle anderen Dörfer des Ordens in der Gegend sich an der Zerstörung der festen Häuser und Schlösser beteiligten. Ein Bericht jedoch begründet die „Treue" damit, dass die Kirchhausener Bauern sich nur deshalb nicht dem Aufstand angeschlossen hätten, weil sie das Schreiben Jäcklein Rohrbachs mit der Aufforderung zum Anschluss nicht hätten lesen können. Welche Version stimmt, wird sich wohl kaum noch nachweisen lassen.

Jedenfalls dankte der Orden den Kirchhausenern für ihre Treue. Sie erhielten das Recht, im Falle eines bewaffneten Auszugs des Ordens in den vordersten Reihen gebraucht zu werden und bei Amtsgeschäften auf Schloss Horneck bei Gundelsheim, dem Sitz des Deutschordenskomturs, bewirtet zu werden. Dazu erhielten sie jährlich vier Gulden zu einem fröhlichen Fastnachtsschmaus mit ihren Frauen.

Noch bis ins 19. Jahrhundert hinein musste das Kameralamt des Ordens Heilbronn jedem Bürgersohn und jeder Bürgertochter nach der Hochzeit sechs Maß Wein, bei der Geburt eines Knaben sechs und nach der Geburt eines Mädchens vier Maß Wein verabreichen. Seit dem 13. Februar 1854 hat die Gemeinde Kirchhausen gegen ein Ablösungskapital von 3099 Mark von der Staatsverwaltung diese Verpflichtung übernommen.

*Weinende Bäuerin (Federzeichnung von Albrecht Dürer zum Gebetbuch Kaiser Maximilians I., um 1515).*

ihre Tore zu öffnen und sich dem Aufstand anzuschließen, und dass sie von Markrgraf Philipp weder Zugeständnisse gefordert noch erhalten hätten.

Im August 1525 entsandte der Deutsche Ritterorden eine Strafexpedition in seine Ämter Horneck, Scheuerberg und Stocksberg, um die Rädelsführer des Aufstandes auf seinem Gebiet gefangen zu nehmen, die Dörfer zu bestrafen und neu huldigen zu lassen. Am 12. August musste sich Stockheim auf Gnade und Ungnade ergeben. Die Bauern verpflichteten sich in der Unterwerfungsurkunde die Rädelsführer „gebührend unter

Strafe zu stellen", ihre Waffen auszuliefern und die Hauen, Mistgabeln und andere Geräte nur dazu zu benutzen, wozu sie gemacht worden sind, ferner allen Geboten und Verboten des Deutschmeisters Gehorsam zu leisten, mit Fähnlein, Pfeifen und Trommeln ohne Erlaubnis zu keiner Kirchweihe, Hochzeit oder Gesellschaft zu ziehen, den Zehnten wie bisher zu entrichten, dem Deutschmeister die Entschädigung zu geben, die er fordere, und die Burg Stocksberg in Fronarbeit wieder aufzubauen.

Auch der Rat der Stadt Heilbronn ging zum Teil sehr hart gegen die am Bauernkrieg beteiligten Bürger der Stadt und ihrer vier Dörfer vor. Neun Bürger wurden auf dem Marktplatz hingerichtet. Rund vierzig Bürger erhielten mehr oder minder harte Strafen. Einzelnen Bürgern wurde verboten, Waffen zu tragen, was durch einen Beschluss des Schwäbischen Bundes den Anhängern des Bauernkrieges in den Dörfern allgemein verboten wurde, oder öffentliche Zechen zu besuchen.

Die Prozesse und Zeugenverhöre riefen andererseits neuen Unfrieden in der Stadt hervor. Einige der Haupträdelsführer wurden daher überhaupt nicht bestraft. Und bei den folgenden Ratswahlen scheint in einigen Ratsvierteln Bauernfreundlichkeit sogar als Wahlempfehlung gegolten zu haben. So wurde z. B. der Ratsherr Jörg Diemar, der sich im Bauernkrieg durch seine Haltung

## Liste der Geiseln des Hochstifts Speyer und des Stifts Odenheim

Bruchsal: Jheronimus Mengens des Rats und Heinrich Meider
Büchig: Vyth Nagel
Oberacker: Pulte
Rheinsheim: Michel Dhurr und Jorg Soldner
Obergrombach: Ulrich Meßner und Caspar Hatzig
Untergrombach: Jost Rudolff und Hans Rheme
Altenburg (Karlsdorf): Nythart
Büchenau: Martin Kerner und Rauchmichels Hans
Kislau: Debolt Studer und Niclaus Weicklin
Ubstadt: Nicklaus Glaff und Barthel Bondenstain
Zeutern: Niclaus Weißbecker und Philipps Nyffer
Östringen: Hanns Muller und Lenhart Dobel
Mingolsheim: Wendel Weickenant und Wendel Wagner
Langenbrücken: Hanns Kessel und Mathis Knoller
Stettfeld: Paulus Dopff und Weigel Lentzs
Weiher: Steffan Spurleder und Hans Dorsch
Hambrücken: Hans Wezel und Lorentz Liebhanns
Kirrlach: Hans Seger und Hans Steiner
Kronau: Jerg Voltz und Bernhart Knopff
Rot: Lorentz Beckher und Peter Rodermel
St. Leon: Debel Kontzer und Bastian Osterrych
Rotenberg: Ulrych Freiß und Jorg Odenwalt
Malsch und Malschenberg: Velthin Remig und Peter Hubscher
Udenheim: Steffan Reiß und Martin Sorg
Huttenheim: Endres Moll und Jungkhennen Claus
Rheinsheim: Wendel Diruff und der junge Panthel Gotzmann
Ober- und Unterhausen: Jacob Hutzell und Steffan Hatzenbuhel
Wiesental: Friedrich und Claus Wyckgenannt
Neuendorf: Hans Syff und Hanns im Ror
Rauenberg: Philips Dielman und Hans Beger
Odenheim: Peter Hawert und Wolff Gossen
Tiefenbach: Peter Friederich und Hans Norsch
Landshausen:Jorg Nellert und Stoffel Such
Rohrbach a.G.: Balthasar Beringer und Martin Specht
Rettigheim: Hans Leer und Wendel Schyder
Neuenbürg: Jacob Feig und Wickknaus
Münzesheim: Michel Leipp und Endris Becker
Unteröwisheim:Martin Kandell und Jacob Bub
Oberacker: Hans Ruger und Jacob Balduff
Mühlhausen: Hanns Freiß und Wendel Muller
Dielheim: Hanes Grewlich und Jacob Sauver
Jöhlingen: Peter Kamerman und meinsther Bernhard
Wössingen: Jost Meidt
(Alt-)Lußheim: Peter Drewer und Veltin (schultheiß daselbst)
Eyselheim (Hof bei Altlußheim): der lang Jost Schultheiß und Steffans Hanns Wendels Sohn)
Ketsch: Peter Glockner und Hans Fischer
Horrenberg und Balzfeld: Vyth Engelhart und Bernhard Saltzman
Waibstadt:Wendel Wolf und Hanns Vest

Wegen ihrer Beteiligung am Bauernkrieg im Hochstift Speyer wurden von Kurfürst Ludwig V. außerdem folgende Dörfer zur Bezahlung der den Bauern des Hochstiftes Speyer auferlegten 40000 Gulden herangezogen, wobei allerdings die bereits vom Schwäbischen Bund eingezogene Brandschatzung angerechnet werden sollte:
Rauenberg, Eschelbach, Eichtersheim, Michelfeld, Tairnbach, Dühren, Waldangelloch, Odenheim, Tiefenbach, Eichelberg, Landshausen, Rohrbach a. G., Rettigheim, Neuenbürg, Menzingen, Münzesheim, Oberöwisheim, Unteröwisheim, Oberacker, Diedelsheim, Gondelsheim, Helmsheim, Gochsheim, Wössingen, Söllingen, (Alt-) Lußheim, Ketsch und Waibstadt.

*Landschaft mit Ruine (Federzeichnung von Albrecht Altdorfer, um 1525).*

*Hinrichtung von Rädelsführern (Holzschnitt von Hans Burgkmair).*

kompromittiert hatte, in seinem Ratsviertel zum Bürgermeister gewählt.

In seinen vier Dörfern ließ der Rat der Stadt Heilbronn über 60 Anhänger der Bauern verhaften, nach Heilbronn bringen, dort „eintürmen" und bestrafen. Ein Fleiner und zwei Neckargartacher wurden hingerichtet, einem Fleiner hieb man die Finger ab. Bei der Festsetzung der Strafgelder berücksichtigte der Rat, dass Böckingen und Flein vom Schwäbischen Bund verbrannt worden sind. Auch ließ er es zu, dass die Frist immer wieder hinausgeschoben wurde und noch im Jahre 1535 nicht bezahlt worden war.

Die Rädelsführer, die sich zunächst einer Bestrafung entziehen konnten, wurden noch Jahre nach der Niederwerfung des Bauernaufstandes gesucht. So konnte Ulrich Bertsch aus Menzingen, einer der Gewalttätigsten im Kraichgauer Haufen, der auch bei den Verhandlungen in Hilsbach gegenüber den kurpfälzischen Unterhändlern tätlich geworden war, in Beihingen bei Ludwigsburg Unterschlupf finden. Als Kurfürst Ludwig V. im Dezember 1525 Nachricht vom Aufenthalt Bertschs erhielt, ersuchte er den Statthalter von Württemberg um seine Auslieferung, damit er die verdiente Strafe erhalte. Mitte Januar 1526 übergaben württembergische Amtleute am „Brüglin" bei Knittlingen, wo die Grenzen Württembergs und der Pfalz aufeinander stießen, Ulrich Bertsch den pfälzischen Beamten. Von dort wurde er in das Gefängnis nach Hilsbach gebracht und am 17. Januar verhört, wobei er sich geständig zeigte. Trotzdem wurde Bertsch mit aller Härte zum Tode verurteilt. In einem Schreiben vom 22. Januar 1526 teilte Ludwig V. dem Statthalter in Stuttgart den Vollzug des Urteils mit: „...Und das er daruff mit einer ketten an ein paum der art sichtig andern zu beyspill gehenkt worden..."

Doch nicht immer wurde mit dieser unnachsichtigen Härte gegen die Bauern verfahren. So setzte sich Stephan von Venningen in einem Brief vom 29. Mai 1525 an den Truchseß von Waldburg, der sein Dorf Grombach bei Kirchardt mit einer Brandschatzung belegt hatte, für eine mildere Behandlung ein. Seine Bauern, stellt er fest, hätten sich, mit Ausnahme von einigen „grindigen Schafen", gar nicht am Aufruhr beteiligt. Wenn er die auferlegte Summe eintreibe, müssten sie von zu Hause weglaufen, da sie noch von der pfälzischen Fehde (1504) her tief in Schulden steckten.

Ein mildes Urteil erhielt auch Nicodemus Bösch, ein Zimmermann aus Mühlbach, der sich dem Zabergäuer Haufen angeschlossen hatte und mit diesem zum Württemberger Haufen gezogen war. Er wurde in Güglingen vor Gericht gestellt. Auf Fürsprache ehrbarer Leute wurde er wegen seiner Jugend und „wegen seines Wohlverhaltens im Gefängnis" begnadigt. Am 19. Juni 1525 schwur er Urfehde und versprach, sich an keinem Aufruhr mehr zu beteiligen und das, was er über Zusammenrottungen erfahre, sofort dem Amtmann zu melden. Für die Begnadigung musste er dem Amtmann von Güglingen jährlich die Mannsteuer entrichten.

Paulus Dopf aus Stettfeld, der Bischof Georg von Speyer auf seiner Rückreise vom Kloster Herrenalb nach Heidelberg beschimpft und belästigt hatte, fand letztlich

### Johannes Brenz – ein Mahner zur Milde bei der Bestrafung der Bauern

*Johannes Brenz, Prediger in Schwäbisch Hall, später Reformator in Württemberg (Holzschnitt eines unbekannten Meisters um 1576).*

Eine besondere Bedeutung in der frühen Phase der Reformation im Kraichgau hatte der in Weilderstadt 1499 gebürtige Johannes Brenz, der als Student Luther in Heidelberg 1518 kennengelernt hatte und seit 1522 als Prediger in Schwäbisch Hall evangelische Gottesdienste hielt. Er war der führende Kopf der jungen evangelischen Pfarrer im Kraichgau und im Hohenlohischen, die sich fast alle aus der gemeinsamen Studienzeit in Heidelberg kannten. Über sie hatte er auch Kontakte mit dem Kraichgauer Adel, insbesondere zu Dietrich von Gemmingen. In wichtigen theologischen Fragen, wie z.B. der Abendmahlslehre, stand man miteinander in Verbindung. Brenz' Rat war gesucht.

Bereits im März 1525 nahm Johannes Brenz in einer Predigt Stellung zum Aufstand der Bauern. Er lehnt den Aufruhr kompromisslos ab, denn der Untertan schulde der von Gott eingesetzten Obrigkeit Gehorsam, auch wenn er unter ihr leiden müsse. Nur mit „fleißigem, ernstlichen Gebet gegen Gott und mit willigem Gehorsam" bekomme man eine gerechte Obrigkeit.

In einem von Kurfürst Ludwig V. von der Pfalz angeforderten Gutachten über die „Zwölf Artikel" der Bauern äußert er sich Anfang Juni ebenfalls grundsätzlich ablehnend gegen den Anspruch der Bauern, ihre Forderungen biblisch zu begründen. Wer die göttliche Herrschaft anerkenne, müsse der weltlichen Obrigkeit gegenüber gehorsam sein. Allerdings mahnt Brenz, mit der Bestrafung nicht zu weit zu gehen. Der bäuerliche Aufruhr sei auch eine Folge obrigkeitlichen Fehlverhaltens. In einigen Punkten hält er sogar die Forderungen der Bauern für gerechtfertigt. In der unmittelbar danach verfassten Schrift „Von der milterung der fursten gegen den auffrurischen Bawren", die von dem Rastatter Pfarrer Bartholomäus Westheimer gedruckt und Dietrich von Gemmingen gewidmet worden ist, ermahnt er die Fürsten im Hinblick auf ihren noch andauernden Straf- und Rachefeldzug gegen die Bauern, gegenüber den Bauern Milde walten zu lassen und die Übeltäter zu begnadigen. Die Unbeugsamkeit gegenüber dem Aufruhr sei zwar richtig gewesen, aber nun müsse es mit der Unbarmherzigkeit aufhören. Denn nicht allein die Untertanen hätten gesündigt. Mit dieser Schrift übte Brenz vorsichtig Kritik an Luthers und Melanchthons harscher Verurteilung des Bauernaufstandes.

Die Hoffnung, dass Dietrich von Gemmingen bei seinen Standesgenossen im Kraichgau für eine nachsichtige Behandlung der Bauern werben würde, erfüllte sich. Kraichgauer Ritter forderten auf den Landtagen in Heidelberg 1525 und 1526 von Ludwig V. nicht nur ein milderes Vorgehen gegen die Bauern, sondern auch die freie Predigt des göttlichen Wortes. Sie waren es auch, die sich bei den Prozessen gegen ihre Bauern für eine Begnadigung oder Strafmilderung einsetzten.

ebenfalls Gnade. Nach dem Ende des Aufstandes konnte er in einem Dorf im Schwarzwald untertauchen. Ihn zog es jedoch wieder in den Kraichgau zurück. Bei einem Kirchenbesuch warf er sich, um Vergebung bittend, Bischof Georg zu Füßen, der ihm schließlich vergab.

Gerade Kraichgauer Adlige setzten sich für eine mildere Bestrafung ihrer Untertanen ein, so z. B. bei der Stadt Heilbronn, in deren Gefängnis eine Reihe Bauern lagen, die sich dem Neckartaler Haufen angeschlossen hatten.

Sie waren beeinflusst von Johannes Brenz, dem Reformator in Schwäbisch Hall, der mit dem evangelischen Kraichgauer Adel und dessen Pfarrern in enger Beziehung stand. In mehreren Schriften nahm auch Brenz Stellung zu den Bauernaufständen. In der Schrift „Von der Milterung der Fürsten gegen den auffrurerischen Bauren", die er Dietrich von Gemmingen widmete, verurteilte er zwar auch den Aufruhr der Bauern als Ungehorsam gegen die von Gott eingesetzte Obrigkeit. Doch im Gegensatz zu Luther und Melanchthon warnte er diese Obrigkeit vor einer brutalen Strafe, da sie sich durch ihre Härte und ihr Verhalten gegenüber ihren Untertanen mitschuldig am Aufstand gemacht habe.

Kraichgauer Adlige waren es auch, die auf dem Heidelberger Adelstag im September 1525 sowohl mündlich als auch schriftlich den Kurfürsten nicht nur um ein gnädiges Verhalten den Bauern gegenüber baten, sondern auch die Predigt des Evangeliums forderten.

*Links: Johannes Brenz „Von der Milterung der Fürsten gegen den auffruerischen Bauren..." (Titelblatt, 1525). Brenz widmete diese Schrift Dietrich von Gemmingen auf dem Schloss Gutenbert a.N.*

*Rechts: „Der Bauernkrieg" (Titelblatt eines Lieddruckes).*

# Folgen des Bauernkrieges

Die Bauern sind nach ihrer Niederlage hart bestraft worden. Die ihren Dörfern auferlegten staatlichen Strafgelder belasteten sie über viele Jahre hinaus recht schwer. Sie wurden in der Regel auf die einzelnen Häuser umgelegt. So belief sich die Umlage im Gebiet des Bischofs von Speyer auf 9 bis 14 Gulden je Haus. Wenn man den damaligen Tageslohn von etwa 1/8 Gulden zugrunde legt, musste demnach jeder Bauer weit mehr als 100 Tage allein für die Strafe arbeiten! Zu diesen Strafgeldern kamen noch Fronleistungen, die für den Wiederaufbau der zerstörten Schlösser, Klöster und anderer Gebäude zu leisten waren, gegebenenfalls auch noch private Entschädigungen an Adlige und Klöster oder persönliche Strafgelder für die besonders belasteten Bauern.

Viele Bauern büßten für ihre Teilnahme am Aufstand mit ihrem Leben. Die meisten von ihnen verloren es auf dem Schlachtfeld oder wurden auf der Flucht erschlagen. Die Zahl derer, die hingerichtet wurden, lässt sich wohl kaum mehr ermitteln, ist jedoch weitaus geringer. Die Gesamtzahl der Getöteten schätzte Jakob Fugger auf rund 50 000, andere Zeitgenossen auf 100 000 bis 15 0000. Historiker errechneten, soweit dies überhaupt möglich ist, maximal 70–75 000 Tote. Dies bedeutet sicher viel Leid für die betroffenen Familien, doch es war keine demographische Katastrophe vom Ausmaß der im alten Europa immer wieder auftretenden Krisenzyklen, die durch Hungersnöte und Seuchen hervorgerufen wurden. Von einer langfristigen Verödung ganzer Landschaften, die von manchem älteren Bauernkriegsforscher festgestellt wurde, kann nicht gesprochen werden, geschweige denn von einem Einbruch in der Bevölkerungsentwicklung. Im Gegenteil: Die Bevölkerungszahl stieg im Verlauf des 16. Jahrhunderts kontinuierlich an.

*Reichskammergericht (Holzschnitt, Frankfurt 1536).*

*Beinamputation (Anonymer Holzschnitt, Anfang 16. Jahrhundert).*

Viele Dörfer wurden bei den Strafexpeditionen geplündert und verbrannt, wie zum Beispiel im Kraichgau die Orte Malsch und Böckingen oder im Neckartal das Dorf Flein und im Sulmtal die Stadt Weinsberg. Für die betreffenden Orte brachte dies sicherlich für ein bis zwei Jahrzehnte Armut und Not. Doch nicht überall verfuhren die Fürsten so hart mit den Bauern wie Jörg Truchseß von Waldburg. Bevor Kurfürst Ludwig V. seine Truppen am 23. Mai von Heidelberg aus zur Strafexpedition gegen die Bauern schickte, wies er seine Hauptleute an, „bei Leibesstrafe keinen Flecken, Hof oder Dorf zu (ver-)brennen oder zu brandschatzen, keinen Bauer zu fangen oder zu schatzen, Vieh, Wein und anderes nicht mit Gewalt zu nehmen, keinen Keller noch Kiste aufzuschlagen oder zu plündern, sondern allein Heu, Stroh, Hühner und Geißen zu nehmen". Auch die Bauern, die auf dem Markt ihre Produkte verkaufen wollten, sollten daran nicht gehindert werden. Der Kurfürst wusste, dass auch die Wirtschaftskraft seines Landes sank, wenn er die Bauern zu sehr schädigte.

Dass im Verlauf des 16. Jahrhunderts in den Dörfern des Kraichgaus, der Hardt, des Zabergäus und des Neckartals wieder Wohlstand bei den Bauern mit größerem Grundbesitz einkehrte, lässt sich noch heute an den aus dieser Zeit erhaltenen Fachwerkhäusern ablesen. Wenn sich in der gleichen Zeit die wirtschaftliche Lage des größeren Teils der Dorfbevölkerung verschlechterte, ist dies nicht eine Folge des Bauernkrieges, sondern eine Folge des anhaltenden Bevölkerungswachstums. Gerade in den Realteilungsgebieten, und Südwestdeutschland gehört dazu, führte das Ansteigen der Bevölkerung infolge der wirtschaftlich schädlichen Erbteilungen zu kleineren Besitzeinheiten, die für immer mehr Bauernfamilien zu einem sozialen Abstieg führten.

Die Lage der Bauern nach ihrer Niederlage sah insgesamt nicht ganz so düster aus, wie sie noch vor knapp drei Jahrzehnten Günther Franz in seinem Standardwerk über den Bauernkrieg beschrieb: „Mit der Niederlage ... schied der Bauer für drei Jahrhunderte aus dem Leben unseres Volkes aus. Er spielte fortan keine politische Rolle mehr ... Er sank zum Arbeitstier herab. Er wurde zum Untertan, der seine Tage in Dumpfheit verbrachte und nicht mehr auf Änderung hoffte".

Dass eine der Hauptforderungen der Bauern, die autonome Selbstverwaltung des Dorfes, nicht erfüllt wurde, ist nicht allein eine Folge der Niederlage im Bauernkrieg. Vielmehr versuchte der frühmoderne Territorialstaat die unteren Einheiten, die Dörfer und Landstädte, zu integrieren. Der Amtmann und, vor allem in den evangelischen Gebieten, der Pfarrer waren in den Dörfern als Vertreter der Herrschaft tätig. Doch auch unter der Oberaufsicht dieser nicht immer und überall gegenwärtigen Agenten des Staates konnte sich auch in den Dörfern eine, wenn auch begrenzte, Selbstverwaltung entwickeln.

*Links: Pauperitas (Kupferstich von Heinrich Aldegrever, 1549).*

*Rechts: Bauernkriegssäule (Albrecht Dürers Entwurf eines Denkmals für die besiegten Bauern, Nürnberg 1525).*

*Unten: Dorfordnung des Dorfes Sulzfeld von 1529 (Titelblatt).*

Die Rechtssicherheit der Bauern war jedoch nach dem Ende des Bauernkrieges in der Regel größer als davor. Der reichsritterschaftliche Adel handelte mit den Bauern seiner Dörfer neue Dorfordnungen aus, die an die Stelle der bisher mündlich überlieferten Weistümer traten und in denen auch die Beschwerden der Bauern von 1525 Berücksichtigung fanden. So erließ z. B. Bernhard Göler von Ravensburg bereits vier Jahre nach dem Bauernkrieg für sein Dorf Sulzfeld eine neue Dorfordnung, die die Rechte der Bauern gegenüber der Grundherrschaft regelten. Auch die Fürsten erließen neue Landesordnungen, die den bäuerlichen Forderungen insoweit entgegen kamen, als sie das Herrschaftsgefüge nicht in Frage stellten.

Die Angst und der Schrecken, die der Bauernaufstand von 1525 hervorriefen, wirkten noch lange nach. Gerade in den Territorien, aber auch auf der Ebene des Reiches war man in der Folgezeit bemüht, die Konflikte zwischen den Bauern und ihren Obrigkeiten zu verrechtlichen, um sie damit ihres zerstörerischen Potentials zu entkleiden. An die Stelle des Aufruhrs sollte der Rechtsweg treten, das heißt, der Gang zu den Territorialgerichten und dem Reichskammergericht. Bis zum Ende des alten Reiches riss – auch im Kraichgau – die Kette der bald nach dem Bauernkrieg einsetzenden Prozesse der Untertanen gegen ihre Grundherrschaften vor den Territorial- und Reichsgerichten nicht ab.

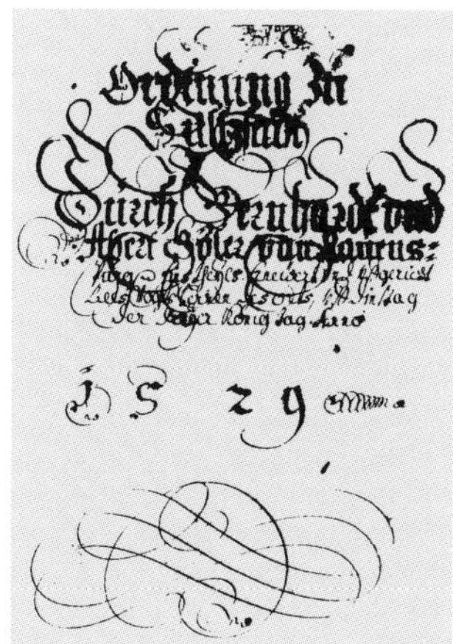

## Abbildungsnachweis:

StArch Marburg (1), StArch Bruchsal (1), Mathäus Jehle (1), StArch Heilbronn (1), StArch Stuttgart (6), die Wegeskizzen stammen vom Verfasser, die übrigen Abbildungen aus der Sammlung des Verfassers, des Heimatvereins Kraichgau und der Heimatfreunde Eppingen.

# Literaturverzeichnis


ADAM, Thomas: Der Bauernkrieg 1525 in den Bruhrainischen Ämtern Grombach, Bruchsal und umliegenden Gegenden, in: Hierzuland, Heft 8/1989, S. 8–21.

ALTER, Willi: Die Berichte von Peter Harer und Johann Keßler vom Bauernkrieg 1525. Speyer 1995.

ANDREAS, Willy: Der Bundschuh bei Bruchsal, in: Bruhrain und Kraichgau – Bruchsaler Geschichtsblätter, Jg. 1931, Nr. 6.

ANGERBAUER, Wolfram (Red.): Brackenheim – Heimatbuch der Stadt Brackenheim und ihrer Stadtteile. Brackenheim 1980.

ANGERBAUER, Wolfram u.a.: Heimatbuch Leingarten. Leingarten o.J. (1982).

BANGHARD, Karl (Red.): Neudorf – Heimat zwischen Pfinz und Saalbach. Ubstadt-Weiher 1997.

BAUMANN, Franz Ludwig (Hrg): Akten zur Geschichte des Bauernkrieges in Oberschwaben. Freiburg 1877.

BEISEL, Peter: Bauernkrieg – der Aufruhr des gemeinen Mannes, in: Villa Biscovesheim – Neckarbischofsheim 988–1988. Heimatgeschichtliche Beiträge aus dem Leben einer Kraichgaustadt. Neckarbischofsheim 1988.

BICKEL, Otto: Remchingen – Geschichte seiner Ortsteile und der Adelsfamilie dieses Namens. Remchingen 1993.

BLICKLE, Peter: Die Revolution von 1525. München/Wien 1977.

BLICKLE, Peter: Die Reformation im Reich (= UTB Nr. 1181). Stuttgart 1992.

BÖER, Ludwig: Joß Fritz aus Untergrombach, in: Kraichgau Folge 8 (1983), S. 117–122.

BOLAY, Theodor: Bauernunruhen im Zabergäu im 16. Jahrhundert, in: Zeitschrift des Zabergäuvereins, H. 3/1965, S. 33–52.

BOSSERT, Gustav: Zur Geschichte des Bauernkrieges im heutigen Baden, in: Zeitschrift für die Geschichte des Oberrheins, Bd. 65 /1911, S. 250–266.

BOSSERT, Gustav: Miszellen zur Geschichte des Bauernkrieges in Banden, in: Zeitschrift für die Geschichte des Oberrheins, Bd. 65/1911, S. 545–546.

BRACKERT, Helmut: Bauernkrieg und Literatur (= Edition Suhrkamp Nr. 782). Frankfurt/M. 1975.

BRANDAUER, Gustav u. a.: Aus unserer Heimat Oberderdingen. Oberderdingen 1983.

BUSZELLO, Horst u. a.: Der deutsche Bauernkrieg (= UTB Nr. 1275). Paderborn 1984.

CRUSIUS, Martin: Schwäbische Chronik, Dt. Ausgabe 1783.

DÜLMEN, Richard von: Reformation als Revolution – Soziale Bewegungen und religiöser Radikalismus in der deutschen Reformation (= dtv Bd. 4273). München 1977.

FEHLE, Isabella (Hrg.): Johannes Brenz 1499–1570. Prediger, Reformator, Politiker (= Katalog zur Ausstellung des Hällisch-Fränkischen Museums Schwäbisch Hall und des Württembergischen Landesmuseums Stuttgart). Schwäbisch Hall 1999.

FEIGENBUTZ, Leopold: Der Kraichgau und seine Orte. ND Magstadt 1976.

FLECK, Tony: Gemmingen 769–1969. 1200 Jahre Zeitgeschehen. Gemmingen 1969.

FRANZ, Günther: Der deutsche Bauernkrieg. Darmstadt 1977.

FRANZ, Günther (Hrg.): Der deutsche Bauernkrieg – Aktenband. Darmstadt 1977.

FRANZ, Günther: Geschichte des deutschen Bauernstandes vom frühen Mittelalter bis zum 19. Jahrhundert. Stuttgart 1970.

FRANZ, Günther (Hrg.): Quellen zur Geschichte des deutschen Bauernkrieges. Darmstadt 1963.

FRANZ, Günther: Aus der Kanzlei der württembergischen Bauern im Bauernkrieg, in: Württembergische Vierteljahreshefte für Landesgeschichte Bd. 41/1935, S. 83–108 und 281–305.
FRIES, Lorenz: Geschichte des Bauernkrieges in Ostfranken. Würzburg 1883.
GASSNER, Klaus: So ist das creutz das recht panier – Die Anfänge der Reformation im Kraichgau. Ubstadt-Weiher 1994.
GEHRIG, Franz: Hilsbach – Chronik der höchstgelegenen Stadt im Kraichgau. Sinsheim o. J. (1979).
GÖLER, Ernst August von: Bernhard Göler – Ein Ritterleben aus der Reformationszeit. Karlsruhe 1888.
GRÄTER, Carlheinz: Der Bauernkrieg in Franken. Würzburg 1975.
HALBRITTER: Mit Bibel und Hellebarde. Der Bauernkrieg im Kraichgau, in: Zwischen Fürsten und Bauern – Reichsritterschaft im Kraichgau, hrg. von Clemens Rehm und Konrad Krimm (Sonderveröffentlichung des Heimatvereins Kraichgau, Nr. 8). Sinsheim 1992.
HARTFELDER, Karl: Zur Geschichte des Bauernkrieges in Südwestdeutschland. Stuttgart 1884.
HODECKER, Friedrich: Odenheim – Eine Wanderung durch 2000 Jahre Odenheimer Geschichte. Odenheim o.J. (1962).
IRSIGLER, Franz: Der Junker und die Bauern – Zur Krise adliger Herrschaft und bäuerlicher Wirtschaft um 1500 am Beispiel des Kraichgaudorfes Menzingen, in: Region und Reich ( = Quellen und Forschungen zur Geschichte der Stadt Heilbronn, Bd. 1). Heilbronn 1992.
IRTENKAUF, W.: Baumeister Hans Wunderer, in: Schwaben und Franken, 20. Jg./1974, Nr. 3, S. 4.
JENNE, Johann: Michelfeld – Das Dorf und seine Geschichte. Angelbachtal 1990.
KATTERMANN, Gerhard: Markgraf Philipp I. von Baden (1515–1533) und sein Kanzler Dr. Hieronymus Veus in der badischen Territorial- und in der deutschen Reichsgeschichte bis Sommer 1524. (Diss.) Freiburg 1935.
KATTERMANN, Gerhard: Bäuerliche Beschwerden in der Markgrafschaft Baden nach dem Bühler Armen Konrad von 1514, in: Zeitschrift für die Geschichte des Oberrheins NF 56/1943, S. 110 ff.
KIESOW, Gerhard: Von Rittern und Predigern – Die Herren von Gemmingen und die Reformation im Kraichgau. Ubstadt Weiher 1997.
KLUNZINGER, Karl: Geschichte des Zabergäus und des jetzigen Oberamtes Brackenheim. Stuttgart 1841.
KOLBECK, Alfred: 600 Jahre Stadt Gundelsheim. Dokumente, Bilder und Berichte zur Ortsgeschichte. Gundelsheim 1979.
MAURER, Hans-Martin (Bearb.): Der Bauernkrieg im deutschen Südwesten. Dokumente, Berichte, Flugschriften, Bilder (Ausstellungskatalog des Hauptstaatsarchivs Stuttgart und des Württembergischen Geschichts- und Altertumsvereins). Stuttgart 1975.
MAURER, Hans Martin: Bauernkrieg 1524/25. Heereszüge der Aufständischen und des Schwäbischen Bundes (Erläuterungen zur Karte VI/11 des Historischen Atlasses von Baden-Württemberg).
MOELLER, Bernd: Deutschland im Zeitalter der Reformation. Göttingen 1981.
MONE, Franz J. Quellensammlung der badischen Landesgeschichte, Bd. 2. Karlsruhe 1884.
MONE, Franz J.: Regesten zur Geschichte des Bauernkrieges, vornämlich in der Pfalz, nach den Pfälzer Kopialbücher, in: Zeitschrift für die Geschichte des Oberrheins, Jg. 1871, S.179 ff.
MÜLLER, Nikolaus: Georg Schwarzerdt, der Bruder Melanchthons und Schultheiß zu Bretten. Leipzig 1908.
PEUCKERT, Will-Erich: Die große Wende – Das apokalyptische Saeculum und Luther, 2 Bde. Darmstadt 1966.
RAUCH, Moriz von: Heilbronn im Bauernkrieg, in: Aus der Heilbronner Stadtgeschichtsschreibung – Festschrift für Helmut Schmolz, hrg. von Christhard Schrenk und Hubert Weckbach. Heilbronn 1988.
REMLING, Franz Xaver: Geschichte der Bischöfe von Speyer, 2 Bde. Mainz 1854.
RÖCKER, Bernd: Das Dorf Menzingen im Bauernkrieg – Ein Beitrag zur Vorgeschichte und zum Verlauf des Bauernkriegs im Kraichgau, in: Kraichgau Folge 6/1979, S. 136–145.
RÖCKER, Bernd: Der „Pfaffe“ Anton Eisenhut und der Bauernkrieg im Kraichgau, in: Eppingen – Rund um den Ottilienberg, Bd. 1/1979, S. 63–72.

RÖCKER, Bernd: Kraichgauer Reichsritterschaft und Reformation im Kraichgau, in: Zwischen Fürsten und Bauern – Reichsritterschaft im Kraichgau, hrg. von Clemens Rehm und Konrad Krimm (=Sonderveröffentlichung des Heimatvereins Kraichgau Nr. 8). Sinsheim 1992.
RÖCKER, Bernd: Kraichgauer Reichsritterschaft und Reformation – Die Bedeutung der Herren von Gemmingen für die Ausbreitung der Reformation im Kraichgau, in: Kraichgau Folge 8/1983, S. 89–106.
RÖSENER, Werner: Bauern im Mittelalter. Gütersloh o. J.
ROSENKRANZ, Albert: Der Bundschuh. Die Erhebungen des südwestdeutschen Bauernstandes in den Jahren 1493–1517, 2 Bde. Heidelberg 1927.
RULAND, Fritz (Hrg.): Unser Leintal – Ein Heimatbuch aus dem Württemberger Unterland. Heilbronn 1951.
SCHAAB, Meinrad: Geschichte der Kurpfalz, Bd. 2. Stuttgart 1992.
SCHAAB, Meinrad: Geleitstraßen um 1550 (= Erläuterungen zur Karte X,1 des Historischen Atlasses von Baden-Württemberg).
SCHÄFER, Alfons: Geschichte der Stadt Bretten von den Anfängen bis zur Zerstörung im Jahre 1689. Bretten 1967.
SCHILLING, Heinz: Aufbruch und Krise. Deutschland 1517–1648. Berlin 1994.
SCHMOLZ, Helmut / WECKBACH, Hubert (Hrg.): 450 Jahre Reformation in Heilbronn (= Veröffentlichungen des Archivs der Stadt Heilbronn Nr. 23). Heilbronn 1980.
SCHWARZERD, Georg: Nachricht von dem Bauernkrieg von anno 1514–1526, in: Urkunden, Rechtsquellen und Chroniken zur Geschichte der Stadt Bretten, hrg. von Alfons Schäfer. Bretten 1967, S. 246–258.
SEIBT, Ferdinand: Glanz und Elend des Mittelalters – Eine endliche Geschichte. Berlin 1987.
SIEVERS, Leo: Revolution in Deutschland – Geschichte der Bauernkriege (= Fischer TB Nr. 3434). Frankfurt/M. 1980.
SÜTTERLIN, Berthold: Geschichte Badens, Bd. 1: Frühzeit und Mittelalter. Karlsruhe 1968.
VOGLER, Günter: Illustrierte Geschichte der deutschen frühbürgerlichen Revolution. Köln 1982.
WALTER, Heinz E.: 1200 Jahre Oberöwisheim 771–1971. Ludwigsburg 1973.
WALTER, Heinz E.: Berghausen 771–1971. Ortsbuch von Berghausen. Ludwigsburg 1971.
WEISMANN, Erich: Eroberung und Zerstörung der Stadt und des Schlosses Weinsberg im Bauernkrieg – Eine Rekonstruktion der Vorgänge nach zeitgenössischen Augenzeugenberichten. Weinsberg 1992.
WEISS, Elmar: Der Pfeifer von Niklashausen. Tauberbischofsheim 1992.
WÜRTTEMBERGISCHER LEHRERUNTERSTÜTZUNGSVEREIN (Hrg.): Geschichte in schwerer Zeit. Teil 1: Anton Eisenhut. Stuttgart 1909.
ZIMMERMANN, Wilhelm: Der große deutsche Bauernkrieg (Volksausgabe). Düsseldorf o. J.

# Ortsregister

## A



## B



## D



## E



## F



## G



## H

Sonderveröffentlichungen des Heimatvereins Kraichgau e.V.
im **verlag regionalkultur:**

David Chytraeus

## Kraichgau / De Creichgoia

**Faksimile der Ausgabe von 1561**

David Chytraeus (1530–1600), im Kraichgau aufgewachsen, wirkte ein halbes Jahrhundert als lutherischer Theologe, kirchenpolitischer Ratgeber und Missionär sowie als Schulmann und Historiker im mecklenburgischen Rostock. 1558 gab er in einer Rostocker Universitätsrede die erste selbständige Beschreibung des Kraichgaus und ließ sie drukken; er dankte damit seinem Patron und Mäzen Peter von Mentzingen sowie seinem Lehrer Melanchthon und lieferte zugleich eine landeskundliche Monographie zu Namen, Geographie, Kolonisation, Verfassung, Schul- und Frömmigkeitsgeschichte des Kraichgaus. Die Rede wird hier erstmals wieder als Faksimile vorgelegt und neu übersetzt; ein zentrales Dokument der Kraichgau-Geschichtsschreibung steht damit einem breiten Leserkreis zur Verfügung.

*Übersetzt und kommentiert sowie mit einem historisch-philologischen Nachwort und vollständigem Namensregister versehen von Reinhard Düchting und Boris Körkel. Heimatverein Kraichgau e.V. Sonderveröffentlichung Nr. 21. X + 150 S. mit zeitgenössischen Portraits und dem Faksimile des Exemplars der Universitätsbibliothek Heidelberg. Leinen mit Goldprägung. Schutzumschlag.*
*ISBN 3-89735-100-5. DM 28,-*

Ludwig H. Hildebrandt (Hrsg.)

## Archäologie und Wüstungsforschung im Kraichgau

Der fruchtbare Kraichgau mit seinem milden Klima und seinen sanften Hügeln ist eine uralte Siedlungslandschaft. Dementsprechend reich ist er an Hinterlassenschaften seiner zahlreichen Bewohner und ihrer Wohn- und Arbeitsstätten aus verschiedenen Epochen.

Der reich bebilderte Band geht der Frage nach, wie sich heute die vorgeschichtliche Besiedlung, insbesondere aber die früh- bis spätmittelalterliche Siedlungsgeschichte darstellt; dazu präsentiert er zahlreiche aktuelle Ergebnisse aus Archäologie und Geschichtswissenschaft – eine wahre Fundgrube für alle heimatgeschichtlich und archäologisch Interessierten.

*Heimatverein Kraichgau. Sonderveröffentlichung Nr. 18. 272 S. mit 110, teilweise farbigen Abb., Dokumenten und Karten. Fester Einband.*
*ISBN 3-929366-34-7. DM 34,-*

## Kraichgau 1945 – Kriegsende und Neubeginn Band 2: Augenzeugenberichte, Amtliche Dokumente

Hrsg. von Arnold Scheuerbrandt / Doris Ebert / Bernd Röcker

Auch im Kraichgau waren die Auswirkungen des Zweiten Weltkrieges in seinen letzten Tagen in aller Härte zu spüren. In der Endphase des Krieges waren durch die alliierten Luftangriffe viele Ortschaften betroffen; die ständige Gefahr aus der Luft und die Unterbringung von Evakuierten aus den Städten bestimmten auch das Leben der Kraichgaugemeinden. Von Ende März bis Mitte April 1945 erlebten die Menschen hier die Besetzung durch amerikanisch bzw. französische Truppen mit allen Begleiterscheinungen und Folgen.

Der Band vereinigt Dokumente aus lokalen Archiven, Flugblätter, Zeitungsberichte, Fotos und andere Quellenzeugnisse sowie authentische Berichte von Zeitzeugen, die widerspiegeln, wie die Menschen den Krieg, vor allem aber die Besetzung durch die Alliierten und das Kriegsende erlebten.

*Band 2. Heimatverein Kraichgau. Sonderveröffentl. Nr. 13. 264 S. mit etwa 160 Abb. und Dokumenten. Fester Einband. ISBN 3-929366-15-0. DM 32,-*

Weitere Bücher zum Kraichgau im **verlag regionalkultur:**

## Kraichgau

**Reiseführer der Region**

Der erste Reiseführer über den Kraichgau, von allen Freunden dieser Region lange erwartet, ist erschienen. Der Band stellt die historischen und kulturellen, die ökologischen, touristischen und nicht zuletzt die gastronomischen Facetten der „badischen Toskana“ anschaulich, informativ und einladend dar. Er informiert prägnant über alles, was ein Kraichgau-Reisender wissen sollte. Fremden und Einheimischen macht er „Appetit“, unsere Region – zu Fuß, mit dem Fahrrad oder per Stadtbahn – zu entdecken und sich hier wohlzufühlen. Ein vielseitiger und rundum gelungener Führer durch diese schöne Gegend!

*144 Seiten mit zahlreichen Farbabbildungen sowie Übersichtskarten. Handliches Taschenformat 22 x 12 cm. ISBN 3-89735-101-3. DM 16,80.*

Roland Thomann

## Schicksal einer Landschaft

**Ein Lesebuch zur Geschichte des Kraichgaus und seiner Orte**

Die Menschen im Kraichgau sind mit ihrer Heimat eng verbunden. Durch die Jahrhunderte ha ben die sanften Hügel dieser Landschaft, ihr mildes Klima, der fruchtbare Boden und die vielfältige Vegetation, aber auch ihr Charakter als Durchgangsland die wechselvollge Geschichte ihrer Bewohner geprägt und ihr Schicksal mitbestimmt.

Einfühlsam und mit spürbarer Zuneigung schilder der Autor den Kraichgau und seine Geschichte. Er führt den Leser durch die Städte und Dörfer, in die Burgen und Schlösser und erzählt ihm vom Leben der Bauern und des Adels. Mit viel Liebe zum Detail zeichnet er die kleinen und großen Begebenheiten und die welthisotrischen Erschütterungen nach, die diese reiche und zugleich stille Landschaft prägten.

*Zweite, überarbeitete Auflage. 384 S. mit 240, teilweise farbigen Abbildungen. Fester Einband. ISBN 3-929366-21-5. DM 44,-*

Hartmut Riehl

## Burgen und Schlösser im Kraichgau

Der Kraichgau – das unbekannte Land der Schlösser und Burgen! Der Autor unternimmt mit dem Leser eine Reise durch diese geschichtsreiche Landschaft mit ihren alten Adelssitzen. Darunter befinden sich Kostbarkeiten wie das Märchenschloß Gondelsheim, die weit sichtbare Stauferburg auf dem Steinsberg, bekannt als „Kompaß“ des Kraichgaus, das prächtige Bruchsaler Barockschloß, die trutzige Ravensburg bei Sulzfeld oder die verwunschene Burg Neidenstein. Hartmut Riehl hat das reichhaltige Bildmaterial durch markante Informationen zu Geschichte und Baustil ergänzt, und so vermitteln Text und Bild vielfältige Impressionen der traditionsreichen Adelssitze, die nur den einen Wunsch offenlassen: die Burgen und Schlösser bei nächster Gelegenheit auch selbst zu besichtigen.

*120 S. mit etwa 160, meist farbigen Abbildungen. Attraktives quadratisches Format mit festem Einband. ISBN 3-929366-51-7. DM 36,-*